Christina M. Beran

Machbar. Gut gegen Aufschieben.

Christina M. Beran

Machbar. Gut gegen Aufschieben.

Bibliografische Information der Deutschen Nationalbibliothek
Die Deutsche Nationalbibliothek verzeichnet diese Publikation in der Deutschen Nationalbibliografie; detaillierte bibliografische Daten sind im Internet über http://dnb.d-nb.de abrufbar.

Umschlaggestaltung: Facultas Verlags- und Buchhandels AG
Umschlagbild: © Roman, AdobeStock; Klappe vorne: © strichfiguren.de, AdobeStock
Lektorat: Mag. Katharina Schindl, Wien
Typografie und Satz: K. Strobl, Neunkirchen/NÖ
Druck: Finidr, Tschechien
ISBN 978-3-99002-153-8 (Print)
ISBN 978-3-99111-637-0 (E-Pub)

Vorwort

Rechnungen sind zu bezahlen? Jetzt nicht. Ein Arzttermin ist auszumachen? Später. Eine Präsentation ist fertigzustellen? Morgen genügt. Dann geht es wahrscheinlich auch besser. Sport stünde auf dem Programm? Heute sind Sie zu müde dafür. Ein Artikel muss geschrieben werden, weil der Abgabetermin ansteht? Sie sind nicht inspiriert. Besser Fenster putzen. Das schieben Sie sonst zwar lieber auf, aber jetzt ist Putzen wesentlich verlockender als sich hinzusetzen und zu schreiben. Ein Kapitel ist noch zu lernen? Ach was! Die Seiten können ja morgen neu durch die Anzahl der bis zur Prüfung verbleibenden Tage dividiert werden. Ernährung anders gestalten? Am Montag dann. Das ist ein guter Tag zum Anfangen. Nächsten Montag. Kein Problem. Oder doch?

Wenn es Ihnen so oder so ähnlich geht, sind Sie nicht allein. Denn die meisten von uns (je nach Studienlage bis zu 95 % aller Menschen) kennen Situationen nur allzu gut, in denen – durchaus dringende und wichtige – Aufgaben zur Erledigung anstehen. Aber wir fangen einfach nicht an. Obwohl es eine gute Idee wäre und die Zeit mitunter drängt. Wir schieben auf.

Aufschieben kann alle Bereiche des Lebens betreffen. Die Kombinationen können dabei unterschiedlich sein: Im Job sind Sie immer *on time*, einen Arzttermin für sich selbst auszumachen wird aber von Woche zu Woche verschoben? Oder umgekehrt. Zu Hause läuft nahezu alles wie am Schnürchen, aber auf dem Schreibtisch im Office herrscht Chaos? Das kennen Sie? Dann kennen Sie vermutlich auch die unangenehmen Gefühle, die das Aufschieben begleiten. Und dann gibt es manchmal diesen Moment, in dem Sie sich sagen: „Also gut. Irgendwann muss es ja sein." Dann geben Sie sich einen Ruck. Und beginnen. Mit einer To-do-Liste.

Eine To-do-Liste kann hilfreich sein: Sie verschaffen sich damit einen Überblick und setzen Prioritäten. Vor allem wenn die Liste am Abend in Gedanken immer länger wird, ist es gut, sie quasi aus dem Kopf „hinauszuschreiben“. Gut. Aber, und das haben Sie vielleicht auch festgestellt, Ihre Erwartung, dass Ihr Problem am nächsten Tag damit gelöst wäre und Sie ins Tun kommen, wird enttäuscht. Sie sind zwar um eine Liste reicher, treten aber dennoch auf der Stelle. Es geht einfach nichts weiter. Oder Sie haben immer noch nicht begonnen. Das kennen viele von uns. Auch die finstere Wolke des schlechten Gewissens über Ihrem Haupt, die mit dem Aufschieben oft einhergeht und gehörig Druck aufbauen kann. Manchmal ist es gerade der Druck, sagen Sie, auf den Sie warten, und dann – auf einmal – geht es. Irgendwie. Mit hängender Zunge und auf den letzten Drücker. Und dann beschließen Sie, dass es das nächste Mal anders werden muss. Dann wird wirklich früher begonnen. Rechtzeitig und in Ruhe. Ein guter Entschluss. Keine Frage. Aber dann wird das nächste Mal zu diesem Mal und alles beginnt wieder von vorne. Täglich grüßt der Teufelskreis.

Manchmal, das kann auch sein, wird der Stress aufgrund des Aufschiebens so groß, dass überhaupt nichts mehr geht. Dann kommt etwas dazwischen, der Termin verstreicht oder Sie sagen ab. Frustrierend.

Vielleicht werden Sie auch ein bisschen ärgerlich: Was soll denn so schlimm sein am Verschieben, bitte sehr? Morgen ist schließlich auch noch ein Tag. Aber Sie möchten so gerne fertig werden, Dinge auf die Reihe bekommen, Ziele erreichen, die schwarze Wolke loswerden. Weil es auch ein sehr gutes Gefühl ist, Ziele aus eigener Kraft zu erreichen, dieses Selbstvertrauen, das Sich-auf-sich-selbst-verlassen-Können, Selbstwirksamkeit. Aber wie geht das? Genau das behandelt dieses Buch: den Weg vom Aufschieben zum Fertigwerden.

Dafür braucht es aktuelles Know-how über das menschliche Verhalten samt ein bisschen Myth Busting. Weil man beispielsweise mit dem oft genannten Ansatz des Zeitmanagements (trotz der situationsbedingten Nützlichkeit) nicht weiterkommt. Ebenso wenig wie mit der Hoffnung, dass sich die Dinge von selbst erledigen, oder mit der Erwartung, dass sich in naher Zukunft ein kleines Wunder ereignet und einem die unangenehmen, langweiligen, mühsamen, lästigen Dinge plötzlich ganz leichtfallen.

Also werden wir uns in diesem Buch einen Überblick darüber verschaffen, was hinter dem Aufschieben steckt. Dazu bedienen wir uns aktueller Erkenntnisse aus der Psychologie (unter anderem der Sozialpsychologie, der Klinischen, Gesundheits- und Positiven Psychologie), den Neurowissenschaften (Gehirnforschung), der Verhaltensökonomik (die sich damit befasst, wie sich Menschen in wirtschaftlichen Situationen wirklich verhalten) und der Evolutionspsychologie (die mit Erkenntnissen der Evolutionsforschung Erleben und Verhalten erklärt). Mit dabei: Beispiele aus der psychologischen und beratenden Praxis.

Ab und an werde ich auch eine persönliche Erfahrung teilen. Aber Sie werden sehr gut unterscheiden können, was aus den wissenschaftlichen Studien, was aus der gelebten psychologischen Praxis und was aus der persönlichen Beobachtung stammt. Diese Unterscheidung ist mir wichtig, damit Sie wissen, was sozusagen „amtlich" ist, was sich anhand wissenschaftlicher Erkenntnisse in der Praxis (also auf der Umsetzungsebene) als hilfreich erwiesen hat und was einzelne oder persönliche Beobachtungen oder Erfahrungen sind – sodass Sie auf verschiedenen Ebenen Eindrücke sammeln können. Darüber hinaus sollen Ihnen die Erkenntnisse ermöglichen, das Phänomen zu verstehen, was wiederum Ausgangspunkt für den individuellen Weg zum gewünschten Verhalten ist. Verständnis bildet die Basis und kann schon sehr hilfreich sein. Vielleicht erleben Sie auch den einen oder anderen Aha-Moment. Vielleicht werden Sie inspiriert, vielleicht werden Sie im einen oder anderen Ihrer eigenen Lösungsansätze bestärkt, vielleicht streben Sie eine Verhaltensänderung an. Dazu muss man ungeschönt und deutlich sagen: Neues Verhalten braucht Geduld und Energie. Am besten mit einer freundlichen oder auch liebevollen Haltung sich selbst gegenüber – das Ziel dabei fest im Blick.

Nun zu uns beiden. Es freut mich, dass Sie zu diesem Buch gegriffen haben, denn so lernen wir einander über diese Seiten kennen. Ich möchte, dass Sie ein wenig von mir erfahren und auch darüber, wie ich zum Thema dieses Buches kam.

Ehrlich gesagt, hat das Thema mich gefunden. Anlässlich einer Tagung (ich bin übrigens Psychologin und als solche auch Vortragende, und das mit großer Begeisterung) bekam ich die Einladung, ein Referat zum Thema Prokrastination (chronisches Aufschieben) zu halten. Der Titel der Veranstaltung lautete „Zeit“ – dazu schien das Aufschieben von Aufgaben gut zu passen. Ich nahm die Einladung an und machte mich an die Arbeit. Ich begann so, wie ich immer beginne, wenn ich mich in ein Thema einarbeite: mit Recherchen – das gehört zu den Hausaufgaben von Vortragenden, denke ich.

Ich beschäftige mich schon lange damit, wie Entscheidungen zustande kommen (höchst emotional), was unser Verhalten vorrangig beeinflusst (zumeist unbewusst) und welche Rolle unser Gehirn bei alldem spielt (eine prominente). Bei besagten Recherchearbeiten ergab sich bald ein Problem. All das, was sich bis dahin an Erkenntnissen aus Theorie und Praxis in meinem psychologischen Fundus angesammelt hatte, wollte nicht recht zu den gängigen Ansätzen (vor allem der Selbsthilfeliteratur) von Prokrastination passen. Die persönliche Forschungslage lautete: unbefriedigend.

Nun sind Psycholog:innen ein recht neugieriges Volk und wollen immer ganz genau wissen, wie etwas wirklich ist. Das heißt: Wie sieht der wissenschaftliche Status quo aus und was ist in der Praxis relevant und hilfreich? Man könnte auch sagen, dass wir der Natur der Dinge so nahe wie möglich kommen wollen. Das ist ein Prozess, der nie abgeschlossen ist, aber wir versuchen es. In meinem Fall stellte sich heraus, dass die Forschung besonders im deutschsprachigen Raum rund um das Thema – sagen wir – noch ordentlich Luft nach oben hatte. Das verändert sich zwar zunehmend, aber ich habe immer noch den Eindruck, dass die wissenschaftlichen Forschungsergebnisse den Weg in den Mainstream noch nicht ausreichend gefunden haben.

Erst als ich mich mit meinen Recherchen in Richtung englische, US-amerikanische und kanadische Studien aufmachte, wurden die Informationen dichter. Viel dichter. Endlich passten auch Studienergebnisse zum aktuellen Kenntnisstand von Verhaltensökonomik, Entscheidungs- und Emotionsforschung. Das immer stimmiger werdende Bild zeigte immer deutlicher in eine Richtung: Aufschiebeverhalten ist kein Zeitmanagement-Problem, sondern ein Problem des Managements von Emotionen rund um eine unangenehme Aufgabe. Eine britische Kollegin merkte dazu in der *New York Times* an, dass es eigentlich höchst irrational ist, etwas aufzuschieben. Weil es keinen Sinn ergibt, ein Verhalten an den Tag zu legen, das mit negativen Konsequenzen einhergeht. Oft beginnt eine chronische Prokrastination, weil es nicht gelingt, negative Stimmungen rund um eine Aufgabe zu managen. Wir sind demnach schlechte Stimmungsmanager:innen. Das ist nicht schmeichelhaft, aber leider allzu oft wahr.

Natürlich gehöre ich zu den eingangs erwähnten 95 %, die in ihrem Leben schon einmal etwas aufgeschoben haben. Meine Top 3 inklusive Beziehungsstatus sind:

1 Die Steuererklärung (ich bin selbstständig). Beziehungsstatus: Na ja.
Die Steuerklärung und ich haben uns einen Modus Vivendi erarbeitet, der ganz gut funktioniert. Begeistert bin ich immer noch nicht von ihr, aber ich erzähle Ihnen gerne, was für mich dabei hilfreich ist.
2 Sport. Beziehungsstatus: Prächtig.
Da ist mir im Kopf der „Knopf aufgegangen“ und ich werde Ihnen berichten, wie es dazu kam.
3 Ordnung auf dem Schreibtisch samt Ablage. Beziehungsstatus: Kompliziert.

> Dafür kann ich nichts, weil, wie allgemein bekannt ist, Papier sich von selbst vermehrt (am liebsten über Nacht). Das ist vielleicht schön für das Papier, mir gefällt es aber nicht.

Einige Jahre, viele Vorträge, Klient:innen, Seminare und Webinare später fasse ich in diesem Buch für Sie zusammen: Was man unter Aufschieben versteht und was nicht darunterfällt. Warum Zeitmanagement (allein) nicht funktioniert und bei allem guten Willen ein logischer, vernünftiger Ansatz oft nicht weiterhilft. Wie Körper und Gehirn zusammenarbeiten. Auch wenn dabei nicht immer bzw. von selbst herauskommt, was wir uns wünschen. Was man unter psychologischer Distanz versteht und was das mit Aufschieben zu tun hat. Was Erwachsene von Kindern, die erfolgreich Süßigkeiten widerstehen, lernen können. Wie hilfreich ein Nougathase oder ein Buddy sein können. Wie ganz und gar nicht hilfreich das Versinken in den unendlichen Weiten der digitalen Welt, insbesondere der sozialen Medien, ist und was der Dank an das gestrige Selbst mit dem erfolgreichen Umsetzen von Plänen im Heute zu tun hat. Von morgen ganz zu schweigen.

Was dieses Buch nicht kann: ungeliebte, mühsame Aufgaben für Sie zu Ende bringen oder mittels Zauberstabs dafür sorgen, dass keinerlei Anstrengung nötig ist. Denn es braucht Energie, um Dinge anzupacken, anders als gewohnt zu agieren oder sein Verhalten zu ändern. Es ist natürlich auch kein Ersatz für psychologische Diagnostik, Behandlung, Beratung oder Therapie.

Was dieses Buch kann: Ihnen bei der Erledigung von Aufgaben und beim Erreichen von Zielen freundlich und hilfreich zur Seite zu stehen, Sie inspirieren und für den einen oder anderen Aha-Moment sorgen. Aha-Momente sind eine feine Sache, weil es motiviert und glücklich macht, wenn einem plötzlich ein Licht aufgeht, auf einmal etwas Sinn ergibt und eine Lösung am Horizont erscheint. Das ist dann Ihr ganz eigener Ansatz, aus eigener Kraft erkannt, auf Ihre eigene Art erreicht – und glauben Sie mir: *This makes a hell of a difference!*

Allzu viel sei an dieser Stelle aber noch nicht verraten, damit die Neugierde bleibt. Die hilft Ihnen dabei, dranzubleiben und weiterzulesen. Und das wollen wir ja.

Für Betroffene, Interessierte und Neugierige sowieso.

Wien, im Juli 2022 Ihre Christina M. Beran

Inhaltsverzeichnis

AUFSCHIEBEN IN GUTER GESELLSCHAFT

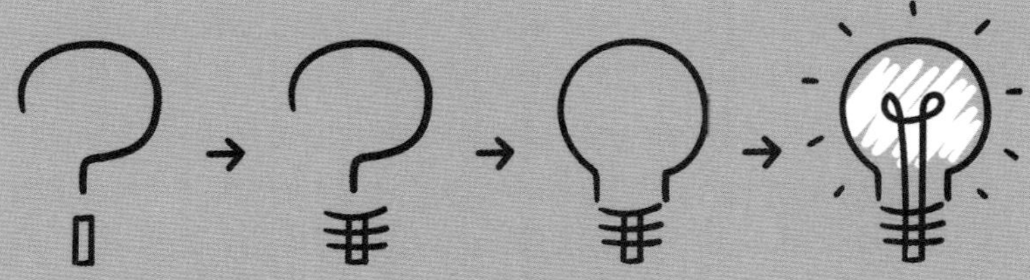

Vom Aufschieben und Prokrastinieren

Wenn wir über „Aufschieben" sprechen, wissen wir, was damit gemeint ist. Ganz nüchtern betrachtet, geht es um Aktivitäten, Aufgaben, Entscheidungen, Ziele, die wir auf einen späteren Zeitpunkt verlegen. Das ist nicht per se negativ. Wir haben tagtäglich viele größere und kleinere Entscheidungen zu treffen, und das in einer immer komplexer werdenden Welt. Dabei ist Flexibilität gefragt. Etwas auf morgen zu vertagen, kann durchaus hilfreich sein. Eine Nacht „darüber zu schlafen" kann zum Beispiel eine sehr gute Idee sein, bevor man ein folgenreiches E-Mail abschickt. Auch einen Text liegenzulassen und nach einer Verschnaufpause frisch Korrektur zu lesen kann dem Endergebnis guttun. Gebügelt werden kann auch an einem anderen Tag. Am besten dann, wenn eine neue Folge der Lieblingsserie läuft. So wir einen zeitlichen Puffer haben und das Vertrauen in uns selbst, dass wir die Dinge zum gewählten Zeitpunkt auch tatsächlich erledigen. Schwierig wird es, wenn die Bilanz von Absicht minus Handlung bzw. Intention minus Umsetzung häufiger negativ ausfällt, als uns lieb ist, und wir weder morgen noch übermorgen noch überübermorgen Herr:in der Lage werden. Erst wenn Aufschieben chronisch wird und eine klinisch relevante Symptomatik darstellt, verwenden wir in der psychologischen Praxis den Begriff „Prokrastination" und empfehlen professionelle Unterstützung. Wenn wir denn Begriff verwenden, sollen wir wissen, dass er sich aus den lateinischen Wörtern „pro" („für") und „crastinum" („der morgige Tag") zusammensetzt. Prokrastinieren und Aufschieben werden mit einem eindeutig negativen Touch im Alltag oft synonym verwendet. Wir tun das nicht. Wir befassen uns ganz offiziell mit dem Aufschieben, das sich immer weiter zu verbreiten scheint. Dabei ist es kein neues Phänomen. Ganz im Gegenteil.

Ein altbekanntes Phänomen

Hesiod (700 v. Chr.)

Lesen Sie gerne? Ich war schon als Kind ein Bücherwurm und das hat sich bis heute nicht geändert. Während des ersten Lockdowns aufgrund der Covid-19-Pandemie habe ich einige Klassiker und meine Freunde, die Philosophen, wieder ausgegraben.

Ich mag die Auseinandersetzung mit historischen und philosophischen Werken. Sie verbindet mich mit klugen Gedanken über Jahrtausende (!) hinweg und ich komme nicht umhin festzustellen, dass wir Menschen uns schon lange und immer wieder dieselben Fragen stellen. Und dass sich in vielerlei Hinsicht an unserem Verhalten überhaupt nichts ändert. Das kann zeitweise frustrierend, aber mitunter auch entlastend sein.

Gehen wir in der Zeit zurück und halten Ausschau nach einem gewissen Herrn Hesiod im alten Griechenland. Er lebt dort als Ackerbauer und Viehzüchter und ist zudem, was man heute „prominent" nennt. Er schreibt nämlich zum Beispiel Lehrgedichte. Bis heute wird er als mindestens so bedeutend wie Homer mit seiner „Illias" und „Odyssee" gehandelt, da er uns Einblicke in das damalige Leben ermöglicht. Das schätzen wir natürlich. Wir bemerken aber auch, dass Hesiod neben all seiner Prominenz und Bedeutung auch Mensch ist und in einem seiner Hauptwerke, den „Hauslehren" (in jüngerer Zeit auch mit „Werke und Tage" übersetzt), recht grantig (miesepetrig) wirkt. Wir erfahren, dass er mit seinem Bruder Perses im Streit liegt. Der hat nämlich, wie Hesiod findet, unfairerweise geerbt (also zu Hesiods Ungunsten). Wie man es von einem Dichter erwarten kann, nimmt Hesiod den Konflikt und die vermeintlich erlittene Ungerechtigkeit zum Anlass, schriftlich über den Menschen an sich nachzudenken.

Schriftliches Nachdenken, also Schreiben, kann, das ist mittlerweile gut untersucht, positive bis therapeutische Effekte haben. Es beginnt beim Klären der Gedanken und geht über die Verarbeitung von negativen Erlebnissen bis zum Dankbarkeitstagebuch der Positiven Psychologie. In diesem werden, wie der Name schon vermuten lässt, Dinge festgehalten, für die man dankbar ist. Jeden Tag. Das Ergebnis: Man ist nachgewiesenermaßen zufriedener. Das hätte Hesiod vielleicht wissen sollen. Zufrieden wirkt er nämlich nicht unbedingt. Vielmehr hagelt es in seinem Werk seitenweise Verhaltensregeln. Darunter auch ganz gute wie „Wer dich liebt, den rufe zum Mahl; fern bleibe der Hasser“ oder „Nur der Gerechtigkeit folg’ und gänzlich vergiß der Gewaltthat“. Hesiods Werk liest sich über weite Strecken wie ein Almanach oder Bauernkalender. Man erfährt, wann am besten zu säen und zu ernten ist, Dresscode inklusive: „... nackend gesät, und nackend gepflüget, nackend geschnitten die Frucht ...“ Das ist natürlich sehr erhellend. Außerdem nachhaltig, weil kleiderschonend. Gibt es vielleicht auch etwas zur Prokrastination, Herr Hesiod? Gibt es: „Nichts auch werde verschoben zum morgenden Tag’ und darüber. Denn kein säumiger Mann wird je anfüllen die Scheuer, kein aufschiebender auch; nur Ämsigkeit fördert die Arbeit. Doch wer ein Werk aussetzt, der Mann ringt immer mit Drangsal.“

Also wurde schon um 700 v. Chr. aufgeschoben. Unser griechischer Griesgram warnt aber nicht nur vor den Folgen, er liefert auch gleich den Lösungsansatz mit, wie es sich für einen frühzeitlichen Ratgeber gehört: „Vor die Trefflichkeit setzen den Schweiß die unsterblichen Götter ... durch fleißiges Tun wirst du den unsterblichen Göttern angenehm und den Menschen; doch müßige sehn sie mit Abscheu.“ Na, dann hätten wird das ja auch geklärt. Die Götter mögen das Aufschieben nicht. Ebenso wenig wie die Menschen. Und: geschwitzt muss werden. Soll ja gesund sein.

Wahrscheinlich, werte aufmerksame Leser:innen, ist Ihnen nicht entgangen, dass mir Hesiod nicht sonderlich sympathisch ist (ungeachtet seiner Verdienste). Das mag daran liegen, dass er ein ganz eigenes Frauenbild hat, das ich Ihnen nicht vorenthalten möchte: „Wer dem Weibe vertraut, der vertraut auch losen Entwendern“ – damit sind wohl Betrüger oder Diebe gemeint. Kein Kommentar!

Marc Aurel (121–180 n. Chr.)

Die Ausführungen von Marc Aurel, seines Zeichens römischer Kaiser und Philosoph, gefallen mir um einiges besser. Wie zum Beispiel: „Der Gott in dir führe das Regiment, welchem Geschlecht, Alter, welcher Abkunft und Stellung du nun auch angehören magst ...“

Marc Aurel hat sich viele interessante Gedanken über das Sein und Werden gemacht. Einige davon sind in den „Selbstbetrachtungen“ zusammengetragen. Sie geben Einblick in die Ideenwelt eines Menschen, der damit ringt, sich mit größtmöglicher Gelassenheit in das ihm vorherbestimmte Schicksal zu fügen. Die Grundhaltungen seiner philosophischen Richtung, der Stoa, sind Leidenschaftslosigkeit (Apathie), Unerschütterlichkeit (Ataraxie) und Selbstgenügsamkeit (Autarkie). Ich erzähle Ihnen das deshalb, damit wir vor Augen haben, wonach Marc Aurel strebt. Er verpflichtet sich zu einem höchst reflektierten Leben und hadert dennoch mit Ablenkungen. Das kennen wir. Auch wenn unsere Ablenkungen von etwas anderer Art sind. Denn aus den „Selbstbetrachtungen“ erfahren wir, dass Marc Aurel sehr dankbar dafür ist, dass ihn seine Mentoren wie beispielsweise Diognet vor unnützen Beschäftigungen wie dem Umgang mit Zauberformeln (klingt aber spannend!) oder dem Halten von Wachteln (was kann man dagegen haben?) bewahrt haben. Apollonius hat ihm klar gemacht, dass man, auch wenn man ein ungeduldiger Mensch ist, beim Studium philosophischer Werke die gute Laune nicht automatisch verlieren muss. Leider erfahren wir nicht, wie der gute Apollonius das bewirkt hat.

Marc Aurels Texte lesen sich gut. Wie ein Tagebuch, in dem der Verfasser zu sich selbst spricht, sich Mut macht und sich da und dort auch rügt. Man fragt sich im Laufe der Lektüre aber schon, welche schlimmen Verführungen es denn noch so gibt, wenn das Halten von Wachteln bereits eine unnütze Beschäftigung, weil „Liebhaberei", ist. „Lege beiseite, was dich zerstreut, die Bücher und alles, was hier zu nichts führt." Mit dem ersten Teil des Zitats bin ich einverstanden, den zweiten Teil hätte ich Ihnen am liebsten unterschlagen. Denn ich erachte das Lesen eines Buches als relativ harmlos bis erstrebenswert. Mit Wachtelhaltung kenne ich mich nicht so gut aus.

Ob Wachteln oder Bücher – von welchen Zielen hielten sie Marc Aurel denn ab? Da hätten wir: an Erkenntnis wachsen, das unstete Wesen aufgeben, der Stimme der Vernunft folgen, sich über die Regungen der eigenen Seele klar werden, ungekünstelte Gewissenhaftigkeit, Liebe, Freimut, Gerechtigkeit üben ... Ein gutes Programm gegen Ablenkungen und für einen Politiker, denn, Sie erinnern sich, Marc Aurel war ja nicht nur Philosoph, sondern auch Herrscher über das römische Reich. Dennoch ist er gegen Zerstreuungen nicht gefeit. Sein Lösungsansatz? „Jegliches tun und bedenken wie einer, der im Begriff ist, das Leben zu verlassen, das ist das richtige." Man soll also immer das eigene Ende vor Augen haben. Das relativiert mit Sicherheit. Geschäftstüchtige Menschen der Gegenwart, die die Stoa entdeckt haben, haben übrigens Kalender im Angebot, die die Durchschnittslebensdauer eines Menschen als Ausgangspunkt nehmen und die noch verbleibenden Wochen im Posterformat darstellen. Das sieht aus der Ferne wie Millimeterpapier aus. Aus der Nähe mag es die eigene Endlichkeit deutlich machen, was sich auf die Wahl von Zielen auswirken soll. Die Wochen werden übrigens nach deren Ablauf durchgestrichen. Marc Aurel hätte es wahrscheinlich gefallen. Mich erinnert es eher an die Strich-Graffitis auf Gefängniswänden. Ich bin aber auch keine Hardcore-Stoikerin.

George R. R. Martin (*1948)

Wie heißt es so schön: Wenn Sie die letzten Jahre nicht in einer Höhle ohne TV, Internet oder Bücher verbracht haben, kennen Sie „Game of Thrones“ oder haben zumindest davon gehört oder gelesen. Es ist eine erfolgreiche Fantasy-Serie, die auf den Werken von George R. R. Martin basiert. Ich habe die Serie nicht gesehen und die Bücher nicht gelesen. Es war aber unmöglich, dem Hype zu entkommen. Schließlich habe ich bei einem deklarierten Fan nachgefragt und mir einige Videoclips der Verfilmung angeschaut. Die von Martin erschaffene Welt mutet mittelalterlich an, es wird viel gekämpft und, sagen wir, „geliebt“ und es kommen Drachen vor.

Martins Bücher sind globale Besteller, der Autor ist ein bekennender, manchmal darüber zerknirscht wirkender Prokrastinator. In einem Interview stellt er fest, dass er zwar gut im Schreiben von Fantasy-Büchern, aber noch besser in dessen Vermeiden sei. Seine Bücher haben – handwerklich völlig richtig und absatzfördernd dazu – einen offenen Schluss. Die Leserschaft spekuliert dann bis zum nächsten Buch, wie es mit den Figuren, die ihr im Laufe der Zeit ans Herz gewachsen sind, weitergeht. Da in „Game of Thrones“ die Gemetzeldichte sehr hoch ist, weiß man wirklich nicht, welcher der Charaktere es in die nächste Runde schafft.

Als ein von seiner Leserschaft sehnsüchtig erwartetes Buch nicht und nicht fertig wurde, musste der gefeierte Autor öffentlich eingestehen, dass er gedachte hätte, der Abgabetermin, an den das Erscheinen des Buchs gekoppelt war, wäre kein Problem. Je näher der Termin aber gerückt wäre, umso mieser hätte er sich gefühlt, und er hätte es nicht geschafft, sich zum Schreiben zu überwinden. Er hätte sich von diversen Ablenkungen verführen lassen. Das Buch erschien dann im Dezember statt im Mai.

Falls Sie also schon einmal einen Abgabetermin nicht eingehalten, ein Pensum nicht wie geplant abgearbeitet, sich von Wachteln oder anderen Liebhabereien haben zerstreuen lassen, sind Sie in allerbester Gesellschaft. Und das seit mindestens 2700 Jahren!

Aufschieben – leider keine Lösung

Von Kröten und Wolken

Wenn wir etwas aufschieben, könnte es uns ja eigentlich gut gehen. Ist das nicht Sinn und Zweck unseres Verhaltens? Wir könnten das Lernen Lernen oder die Kalkulation Kalkulation sein lassen. Schließlich ist morgen auch noch ein Tag und noch kein Vorgesetzter ist je an Excel-Sheet-Mangel gestorben, wie es eine Klientin von mir einmal ausgedrückt hat.

Das Unerfreuliche ist aber, dass sich Wohlbefinden nicht oder nur sehr kurz einstellt und das Verschieben daher keine dauerhafte oder erbauliche Lösung ist. Auch mit dieser Erkenntnis sind wir nicht allein. Untersuchungen zum Aufschieben bei Studierenden haben beispielsweise gezeigt, dass sich diejenigen, die das Lernen vor sich herschieben, zunächst besser fühlen. Augen zu, Aufgabe weg? Leider nein. Denn langfristig haben sie mit negativen Konsequenzen zu kämpfen. Die Aufgabe ist nämlich immer noch da, mehr noch: Sie kommt aus der Pause fieser zurück. Mit Zeitdruck, Stress und Belastung. Ein aufgeschobenes Lernpensum oder nicht geschriebene Seiten für eine Seminararbeit können wie eine schwarze Wolke ganze Tage verdunkeln, weil sie so anhänglich sind wie Hundebabys. Wohingegen es Studierenden, die mit dem Büffeln ohne Verzögerung beginnen, genau andersherum ergeht. Sie fühlen sich anfangs gestresster, langfristig aber besser. Der Vollständigkeit halber sei angemerkt, dass Untersuchungen sich oft mit dem sogenannten „akademischen Aufschieben“ befassen. Wenn man an einer Universität („Akademie“) lehrt und forscht, hat man seine Versuchspersonen praktischerweise direkt vor der Nase: Studierende, deren Aufschiebeverhalten vorrangig ihre Prüfungs- und Lernsituation betrifft. Die in diesen Untersuchungen erfassten Dynamiken sind allerdings gut in den Alltag übertragbar. Wenn beispielsweise ein Papierhaufen auf dem Schreibtisch fröhlich vor sich hinwächst oder die Bügelwäsche sich zum Gebirge formiert, können wir das eine Zeit lang mit einem ganz akzeptablen Gefühl ausblenden und uns mit anderen Dingen beschäftigen. Bis uns die schwarze Wolke letzten Endes doch wieder einholt.

Es muss auch nicht immer eine schwarze Wolke sein. Eine Freundin von mir schiebt zuweilen den letzten Feinschliff von Projekten von einem Tag zum nächsten, bis sie dann am Vorabend des Abgabetermins beschließt, die Endarbeiten am Morgen darauf zu erledigen. Der Alarm des Smartphones wird mit guter Absicht und ebensolchen Vorsätzen auf eine Stunde früher als sonst gestellt. Der Morgen naht. Der Handywecker klingelt. Die Freundin? Steht nicht auf. Schuld ist die Schlummertaste. Die wird gedrückt. Mehrmals. „Schlummertaste“ ist im Übrigen irreführend. Selig geschlummert wird in den zehn Minuten ja gar nicht. Es schnattert die ganze Zeit im Kopf:

„Ich muss aufstehen!“

„Ich will nicht.“

„Die Aufgabe wartet auf mich.“

„Noch 10 Minuten.“

„Es ist noch das und das und das zu tun.“

„Das geht sich eh nicht alles aus!“

Spätestens jetzt zieht sich die Freundin die Decke über den Kopf. Ruhe hat sie aber keine, weil der Dialog in einer Endlosschleife fortläuft und sich ihr gefühlt eine Kröte auf die Brust setzt, die sie niederdrückt. Es ist eine fette, schwere Kröte. Meist schleicht sich dann auch noch ein superkluger Kritiker unter die Bettdecke: Warum sie die Arbeiten denn nicht schon viel früher erledigt hat? Dann müsste sie jetzt nicht früher aufstehen. Warum sie jetzt nicht gleich aufsteht? Und überhaupt und außerdem. Unter der Bettdecke kann es richtig ungemütlich werden. Die Schlummertaste lässt den Kritiker nicht verstummen. Sie beendet weder den inneren Dialog, noch kann sie Kröten oder schwarze Wolken verschwinden lassen. Schade eigentlich.

Kreative Köpfe haben übrigens einen Wecker auf Gummirädern entwickelt, der sofort nach dem Läuten vom Nachtkästchen springt, davonrollt und sich vor einem versteckt. Sehr einfallsreich. Mit weniger Aufwand verbunden ist ein guter alter Wecker, den wir so weit entfernt aufstellen, dass wir aufstehen müssen, um sein lautes Scheppern abzustellen. Das funktioniert ganz gut. Originelle Verhaltensvarianten gibt es natürlich auch. Wie jene des Klienten, der sich einen Oldschool-Wecker anschaffte und diesen mit einem herumliegenden Schuh von der Kommode schoss, statt sich zu erheben und das Läuten abzustellen. Das fand er so witzig, dass er tatsächlich – kichernd und lachend – aufstand. Mittlerweile wirft er einen Stressball nach dem Wecker. Und freut sich drauf. Man darf ruhig kreativ werden. Das ist nicht verboten. Sie brauchen für die „Aufstehen mit Krach und Wurf"-Version allerdings einen dafür geeigneten Bodenbelag und einen Wecker, der das aushält. Auch sollten Sie Menschen, die das Bett mit Ihnen teilen, vor diesem Morgenritual warnen.

Der Zeigarnik-Effekt

Das Berlin der 1920er strotzt vor Lebenslust, neuer Kunst und wissenschaftlichem Fortschritt. Auf einmal gibt es Tanzpaläste, Charleston und den Bubikopf. Es brummt und summt in dieser Stadt. In dem Café, in dem eine Psychologiestudentin mit dem schönen Namen Bluma Zeigarnik sitzt, vermutlich auch. Am Verhalten von Menschen interessiert, beobachtet sie aufmerksam das bunte Treiben. Gäste kommen und gehen, Kellner in Fräcken schwirren umher. Beeindruckend, diese Kellner. Sie merken sich selbst umfangreiche Bestellungen, ohne sich Notizen zu machen. Bis sie serviert (in anderen Versionen: kassiert) haben. Denn sobald sie die Bestellungen abgearbeitet haben, scheint ihre Erinnerung daran zu verblassen. Dem muss auf den Grund gegangen werden! Wie gut, dass die junge Frau gerade am „Behalten erledigter und unerledigter Handlungen“ forscht. Dass sie durch Beobachtungen in einem Café dazu angeregt wurde, wird oft und gerne erzählt, ist aber höchstwahrscheinlich einfach eine nette Story. Dass Bluma Zeigarnik zwischen 1924 und 1926 an ihrer Dissertation arbeitete, die 1927 veröffentlicht wurde, entspricht hingegen den Tatsachen. Es war die erste einer Reihe von Arbeiten, die sich am Berliner Psychologischen Institut mit Handlungs- und Affektpsychologie befasste. Das Institut wurde zur Zeit Zeigarniks von einem legendären Pionier der Psychologie, Kurt Lewin, geleitet. Dieser hatte bereits das Konzept der Intention entwickelt. Diesen Begriff verwenden wir auch im Alltag in Sätzen wie „Genau das war meine Intention“ und meinen damit, dass wir etwas zunächst beabsichtigt und dann wunschgemäß erreicht haben. Das ist gar nicht so weit weg vom Wirkmechanismus einer Intention im Sinne von Lewin. Wir können sie uns wie ein Gummiband vorstellen. Wird ein Ziel gesetzt, spannt sich das Band. Solange die Handlungen, die zum Erreichen des Ziels notwendig sind, nicht abgeschlossen sind, bleibt es straffgezogen. Erst nach Zielerreichung lässt die Spannung nach. Nach Lewin ist hier schlicht Energie im Spiel. Den Ursprung dieser Spannungsenergie verortete er (kurzgefasst) in Bedürfnissen. Passt das nicht zu unseren alltäglichen Erfahrungen? Wolken und Kröten rücken in die Nähe von Spannungsenergie, Entspannung folgt bei abgeschlossener Handlung.

Das passte wunderbar zu Zeigarniks Untersuchungen. In ihrer Dissertation beschreibt sie ihr ausgeklügeltes und immens aufwendiges Forschungsdesign mit 43 Aufgaben, die entweder „manuell“ oder „intellektuell“ zu lösen waren. Unter ihnen finden sich einige, die relativ leicht machbar scheinen, wie: Tiere aus Plastilin kneten, Rechenbeispiele lösen, zeichnen, Texte abschreiben, mit Draht häkeln oder ein Gedicht aus dem Gedächtnis aufschreiben. Und dann gibt es einige recht knifflige. Wie zum Beispiel, eine deutsche Stadt und einen deutschen Schriftsteller zu finden, die je sieben Buchstaben haben und mit demselben Buchstaben beginnen. So ein Untersuchungsdesign muss einem einmal einfallen! Manche Aufgaben durften die Teilnehmenden beenden, bei anderen wurden sie unterbrochen. Das Unterbrechen sollte das Gefühl des Unerledigtbleibens verursachen. Das dürfte auch gelungen sein. Stellen wir uns vor, wir suchen in unserem Gedächtnis fieberhaft nach einer deutschen Stadt und einem passenden Schriftsteller, grübeln, überlegen, zählen die Buchstaben, zermartern uns das Hirn und dann – Ende! Aus! Wir dürfen nicht weitermachen. Wie ginge es uns? Vermutlich wie einigen der Versuchspersonen damals. Die waren laut abschließender Befragung nämlich durchaus ungehalten. Auf alle Fälle konnten sich Proband:innen deutlich besser an Aufgaben erinnern, bei denen sie unterbrochen worden waren.

Bluma Zeigarnik kam in ihrer Arbeit dann zu dem Schluss, dass sich für die Erledigung einer Aufgabe Spannung aufbaut, bis die Aufgabe erledigt ist und keine weiteren Handlungen mehr erforderlich sind. Es ist ein gespanntes System und strebt nach Entspannung. Eine Unterbrechung führt nicht dazu. Unerledigtes verbleibt so lange im Gedächtnis, bis die Handlung abgeschlossen ist. Auch Aufgaben, die nach eigener Einschätzung nicht gut gelöst wurden, haben diesen Effekt. Anders ausgedrückt: Unzufriedenheit mit der eigenen Leistung löst die Spannung nicht auf. Es ist, als wäre die dafür reservierte Energie nicht komplett abgerufen worden und würde rumoren wie eine Hummel am Boden einer fast leeren Limonadenflasche.

Es gibt einige Ergebnisse in den Untersuchungen, die eher selten genannt werden, aber für uns reizvoll und auch nach fast 100 Jahren nachvollziehbar sind. Hier eine kleine Auswahl:

- Ehrgeizigen Versuchspersonen blieben unerledigte Handlungen länger im Gedächtnis. Da Ehrgeiz eine Nähe zu Motivation, Selbstwirksamkeit und Zielerreichung hat, leuchtet das auch ein.

- Neugierde steigerte die Spannung. Wenn hingegen kein Sinn in den Aufgaben gesehen wurde, war die Spannung gering. Kennen wir. Wie viel Neugierde bringen Sie für Bügeln oder Rechnungen-Ordnen auf?
- Eine Aufgabe, für deren Lösung die dafür erforderlichen Fähigkeiten nicht vorhanden waren, wurde eher vergessen. Verständlich. Ich weiß nicht, wie lange Sie sich an diese Erkenntnis erinnern werden.
- Das Herausgerissenwerden aus einer Erledigung wirkte sich negativ auf die Spannung aus. Arbeiten im Homeoffice hat uns diesbezüglich zu Expert:innen gemacht. Endlich sitzt Frau an der Beantwortung unangenehmer E-Mails, sucht der Mann lautstark das wichtigste Ding ever, der Hund jault oder die Katze kotzt. Wen wundert's, dass sowohl Frauchen als auch Gummiband schlapp durchhängen?
- Die Spannung steigerte sich im Allgemeinen, wenn Versuchspersonen dem Ende der Aufgabe näherkamen. Das hat sich herumgesprochen. Bis nach Hollywood.

Cliffhanger

Die einzige Serie, in die ich je hineingekippt bin, ist „Twin Peaks". Sie lief Anfang der 1990er-Jahre im guten alten Fernsehen und war ein Welterfolg. Das tröstet mich ein bisschen darüber hinweg, dass ich wie eine Eselin der Karotte der jeweils nächsten Folge hinterhergetrottet bin. Natürlich könnte ich anführen, dass die Geschichte ein Meisterwerk war, die Schauspieler:innen großartig und die Atmosphäre ungewöhnlich, schräg und mysteriös. Stimmt alles. „Twin Peaks" hat definitiv Fernsehgeschichte geschrieben. Die Handlungsstränge waren meisterhaft ineinander verwoben und perfekt getimed, sodass ich Nägel und Popcorn kauend am Bildschirm kleben blieb, mit dem überwältigenden Bedürfnis zu wissen, wie es weitergeht. Hätte es Binge-Waching damals schon gegeben – von „Twin Peaks“ hätte ich sicher mehrere Folgen nacheinander „verschlungen“.

Nach Ausstrahlung der allerletzten Folge und Auflösung sämtlicher Rätsel war ich damals regelrecht erleichtert. Worunter ich bis dahin gelitten hatte, macht Film- und Serien-Produzenten auch heutzutage noch froh und reich: der uns bereits bekannte „Zeigarnik-Effekt“. In Hollywood hat er einen neuen Namen bekommen: „Cliffhanger“. Bleiben Sie dran!

GUTE IDEEN, ABER MIT UPDATE

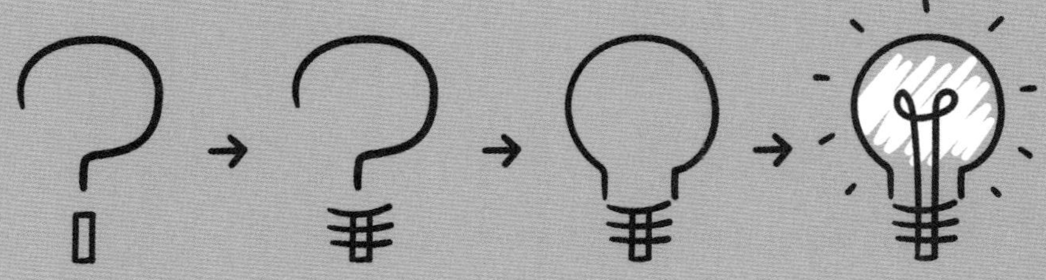

Von der To-do-Liste zur Liste⁺ (Liste Plus)

Klassischen To-do-Listen gegenüber habe ich eine ambivalente Haltung, weil sie zu oft als die Lösung schlechthin für das Aufschieben gehandelt werden. Sie können unter bestimmten Voraussetzungen durchaus nützlich sein. Aber sie brauchen ein Plus.

Was ich an Listen, wie wir sie auch fürs Einkaufen erstellen, gut finde, ist, dass wir keine Positionen vergessen, diese in eine Reihenfolge bringen und – das ist der schönste Teil – sie abhaken können, wenn sie erledigt sind. Wenn diese Art von Liste für Sie hilfreich ist, ist das erfreulich.

Leider gibt es aber auch Menschen, bei denen To-do-Listen einfach nur älter und länger werden. Dann bräuchte es eigentlich eine neue To-do-Liste, auf der „alte To-do-Listen abarbeiten" stünde. Herzlich willkommen im Teufelskreis.

Liste⁺ für eine gute Nacht

Kröten können nicht nur in der Früh, sondern auch am Abend gemein werden. Im Schlepptau haben sie hartnäckige Gedanken rund um unerledigte Angelegenheiten. Die schaden dem Schlaf. Genau da kann eine To-do-Liste hilfreich sein. Ich würde sie nur nicht „To-do-Liste" nennen. Sondern, in Anlehnung an den in Untersuchungen verwendeten englischen Ausdruck „bedtime writing", „Gute-Nacht-Liste", „Gute-Nacht-Zettel" oder auch „Liste⁺". Hier gilt wie stets: Kreativ zu werden ist nicht verboten. Ganz im Gegenteil. Wenn Sie nämlich einen Namen finden, der für Sie stimmig ist, wird daraus ein personalisierter Begriff und das erhöht die Wahrscheinlichkeit des Verwendens.

Nun zum Handling dieser Liste (ich sage dazu Liste^{+}): Wir rüsten unser Nachtkästchen mit Papier und Stift aus. Diese kommen zum Einsatz, sobald wir das erste Anzeichen einer noch so kleinen Kröte wahrnehmen: Wir schreiben die Aufgaben, die das Zeug dazu haben, uns nicht aus dem Kopf zu gehen, auf. Wie bei einer herkömmlichen Liste. Damit unsere Variante eine entspannende Wirkung erzielen kann, achten wir darauf,

a) konkret zu formulieren und

b) den ersten Umsetzungsschritt für jeden Punkt (es darf auch nur einer sein) unbedingt dazuzuschreiben.

Das macht den Unterschied. Das ist das Plus der Liste^{+}.

Es war der allmorgendliche Mitarbeiter-Rundruf, der einen meiner Klienten am Abend davor nicht zur Ruhe kommen ließ. Er arbeitete eine Zeit lang mit einer herkömmlichen Liste, auf die er die Namen der Mitarbeiter:innen schrieb, die er am nächsten Tag anrufen wollte. Licht aus. Die Punkte, die er mit ihnen besprechen wollte, würden ihm schon einfallen. Kein Problem. Ganz sicher. Und da setzte sie ein, die Krötenwanderung: A und B und X und Y. Das wird Mann sich ja wohl merken. X und B und A und Z. Und Y. Ohne Z. Oder ohne Y? Mit X?

Mit unserer Liste^{+} läuft es nur ein kleines, aber entscheidendes Bisschen anders ab.

Licht an. Her mit dem Stift, her mit dem Papier! Die zu besprechenden Themen werden den Mitarbeiter:innen, die ja bereits auf dem Zettel stehen, zugordnet. Das ist der erste Schritt. Das Plus. Geschätzter Aufwand: zwei Minuten. Licht aus. Gute Nacht.

Der Klient war verblüfft ob der Wirkung des kleinen Unterschieds. Weil er es einfach nicht glauben wollte, ließ er diesen Schritt beim nächsten Mal wieder weg. Aber nur einmal.

Einer Klientin bereiteten die vielen beruflichen Aufgaben und Alltagspflichten, die sie regelrecht jongliert, schlaflose Nächte. Ihre Worte, nicht meine. Nach einer gemeinsamen Sitzung nahm sie die Anregung mit nach Hause, die Aufgaben für den nächsten Tag plus ersten Umsetzungsschritt schriftlich festzuhalten. Als sie bei Punkt 54 angekommen war, wurde ihr klar, dass das Pensum gar nicht machbar war. Es ging sich beim besten Willen nicht aus. Was ist hier der nächste Schritt? Reduzieren. Ein Fremdwort für die Klientin. Reduzieren bedeutet, dass nicht auf allen Aufgaben im Berufs- und Privatleben eine Plakette mit unserem Namen prangt.

Mit der Klientin war daher zunächst zu erarbeiten, von welcher Seite Unterstützung zu bekommen war. Im beruflichen Kontext kann man auch „Delegieren“ dazu sagen.

„Erst war ich überwältigt, die Menge an Aufgaben schwarz auf weiß vor mir zu haben. Dann habe ich noch eine Weile gebraucht, mich mit dem Gedanken anzufreunden, dass ich nicht alles selbst bewerkstelligen kann.“ Das sehe ich in der psychologischen Praxis oft. Pflichtbewusste Klient:innen mit äußerst dichtem Programm, die am Abend ein schlechtes Gewissen plagt, weil sie das Unmögliche nicht geschafft haben, und die sich gleichzeitig fragen, wie sie das noch größere Pensum am nächsten Tag schaffen sollen. Lassen Sie uns an dieser Stelle gemeinsam mit meiner Klientin festhalten: Manchmal ist es einfach zu viel. Punkt. Dann brauchen wir konkrete, handfeste Unterstützung. Andere Menschen, die anpacken, uns etwas abnehmen, helfen. Das ist aber gar nicht so leicht.

Den meisten meiner Klient:innen ist das Um-Hilfe-Bitten so zuwider, dass sie die Aufgaben lieber selbst erledigen. Wenn wir es nicht „Bitten“, sondern „Fragen“ nennen, geht es meist besser. Das ist auch der Schritt, der sich auf einer – schon fortgeschrittenen – Gute-Nacht-Liste sehr gut macht. Die Klientin schreibt mittlerweile zu jeder Aufgabe mindestens eine Person auf, die diese übernehmen kann, plus der Frage, die sie ihr dazu stellen will. Empfehlung: je konkreter, desto besser. Also nicht „Könntest du …?“ oder „Würden Sie …?“, sondern „Mach bitte …“ oder „Schreiben Sie bitte …“. „Für das Formulieren der ersten Frage für die erste Person habe ich ewig gebraucht. Danach war es wie ein Dammbruch“, meinte die Klientin.

Eigentlich haben wir es hier mit einer Liste^{++} zu tun, da es zu jedem „Was“ (die Aufgabe) auch schon ein „Wer“ (die Person/en) und ein „Wie“ (die konkrete erste Frage) gibt. Genau genommen ist das schon ein Plan. Und je konkreter Pläne sind, umso stressreduzierender wirken sie. Das ist der Stand der Forschung. Es ist, als würde ein erster Schritt als eine Art „Hier geht's lang“-Schild fungieren und uns die Botschaft vermitteln: „Ich weiß, wie es geht, daher kriege ich es hin.“ Das beruhigt, vertreibt Kröten und wirkt sich sogar noch positiv auf die Konzentrationsleistung aus.

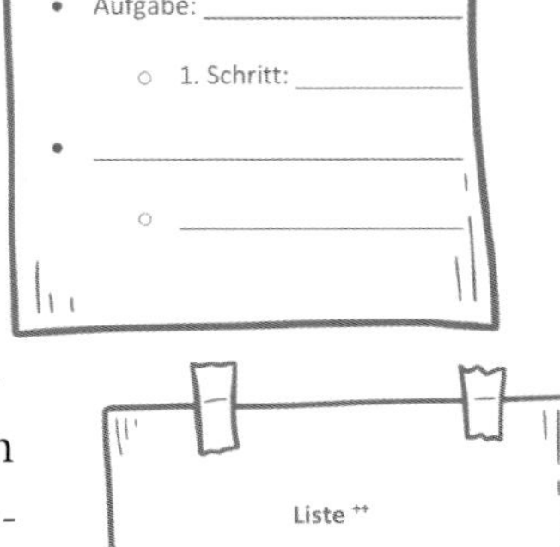

Guten Tag

Die Liste^{+} kann auch bei Tag hilfreich sein. In mehreren Experimenten, die sich mit der Wirkung von Lernplänen befassten, sollten Studierende zunächst an die wichtigste Prüfung des Semesters denken. Eine Gruppe sollte zusätzlich einen konkreten Lernplan mit einzelnen Teilschritten dafür erarbeiten. Ergebnis war, dass die Gedanken der Teilnehmenden, die keinen Plan erstellt hatten, deutlich stärker um die Prüfung kreisten, was sich negativ auf ihre Konzentrationsleistung auswirkte. Kennen wir. Unerledigtes hat die Tendenz, uns zu nerven.

Ein Plan mit konkreten Schritten (ein erster, ein zweiter und so weiter) ist hilfreich. Eine 08/15-Liste, die zudem vage bleibt und keine Struktur vermittelt, eher nicht. Noch anzumerken ist, dass unsere Kompassnadel, sobald wir einen Plan (bestehend aus konkreten Schritten) haben, in Richtung Ziel zeigt. Dorthin gehen müssen wir natürlich selbst.

Vorsicht, Fallen!

Ein Handy statt Papier und Stift zu verwenden ist aus mehreren Gründen keine gute Idee. Zunächst ist die Gefahr, nach dem Schreiben des Gute-Nacht-Zettels auf dem Smartphone im Netz hängen zu bleiben, groß. Zu groß. Die positive Wirkung des Schreibens auf die Hand-Augen-Koordination haben wir dabei auch nicht, ganz abgesehen vom Blaulicht, dem wir ausgesetzt sind, das unserem Gehirn signalisiert, es wäre Tag, was die Melatoninproduktion, also die Schlafhormonausschüttung, beeinträchtigt. Die Folgen: Wir bleiben länger munter und die Erholungszeit fehlt uns am nächsten Tag.

Handschriftliche Notizen fördern zudem die Vorstellung der Dinge, die wir aufschreiben. Dabei sind mehr Gehirnareale und ganzheitlichere Denkprozesse am Werk, als wenn wir tippen. Das wirkt sich auch auf unsere Kreativität aus und fördert die aktive Auseinandersetzung mit dem, was wir schreiben. Wir verarbeiten also schon während des Schreibens die Inhalte. Wie beispielsweise die folgenreiche Erkenntnis, dass die Anzahl der Aufgaben, die auf der Liste stehen, enorm und beim besten Willen nicht allein zu schaffen ist. Ich sage nur: 54!

Zeit, Zeitmanagement und Priorisieren

Auch mein Verhältnis zum Zeitmanagement ist kein harmonisches. Es ging mir damit immer wie mit einem hippen, aber kratzigen Pullover. Vielleicht manage ich meine Zeit einfach falsch, wenn sich das Papier auf meinem Schreibtisch über Nacht vermehrt oder wenn ich das Bügeln von einem Tag auf den nächsten verschiebe? Wenn ich für eine Prüfung lernen musste, habe ich die Anzahl der Seiten durch die Tage bis zur Prüfung dividiert. War das Zeitmanagement? Und hat es funktioniert? Mit Hängen und Würgen. Ich frage mich: Wieso müssen wir unsere Zeit managen? Funktioniert das überhaupt?

Herr:innen der Zeit

Während des größten Teils der Geschichte nahmen wir Menschen die Zeit eher wie einen Fluss wahr und orientierten uns am Rhythmus der Natur. Das änderte sich im frühen Mittelalter mit den Ordensregeln der Benediktinermönche. Um ihr Arbeitspensum einhalten zu können, wurden Tag und Nacht in jeweils 12 Einheiten geteilt. Der Tag war die Zeit, während der es hell, die Nacht jene, während der es dunkel war. Das kommt uns beim schnellen Drüberlesen logisch vor, bedeutet aber, dass die Stunden je nach Jahreszeit unterschiedlich lang waren. Im Sommer konnte eine Stunde bis zu 80 Minuten dauern, im Winter waren es nur 40 Minuten. Das war nicht so schlimm, solange sich alle innerhalb der Klostermauern auskannten. Wenn man sich für die siebte Stunde eines Tages im Kräutergarten verabredete, hatte die Glocke die Stunde ja geschlagen und alle Mönche erschienen pünktlich. Alle da? Gut. Die Glocken gaben dann bald auch für die Menschen außerhalb der Klöster die Tagesordnung vor. Die Menschen erkannten daran, ob es nun Zeit für den Arbeitsbeginn auf dem Feld, die Essenspause, das Ende des Markttages, die Sperrstunde oder das Schließen des Stadttores war. Das Leben war am Glockenläuten ausgerichtet. Die Zeitmessung dahinter erfolgte mittels Sonnen- und Wasseruhren. Die waren vom Wetter abhängig und nicht sonderlich exakt, aber das machte nichts. Bis die Menschen vermehrt in die Städte zogen und der aufblühende Handel zwischen den Städten mehr und genauere Abstimmung verlangte.

Der künstliche Tag, „dies artificalis", wurde erfunden. Ob Sommer, ob Winter – alle Stunden waren nun gleich lang. Mechanische Uhren wurden erfunden. Sie wurden immer genauer und zu Statussymbolen. Auf jeder Kirche, jedem Palast, jedem Rathaus prangte eine möglichst imposante Uhr. Es dauerte nicht lang, bis man sich eine Uhr – zunächst gegen horrendes Geld, dann immer leistbarer – auf den Tisch stellen und schließlich in die Tasche stecken konnte. Spätestens da war die Zeit zu etwas allgemein Messbarem geworden. Aus einem von der Natur vorgegebenen und unteilbaren Rhythmus war etwas geworden, das der Mensch messen, (ein-)teilen und besitzen konnte.

Gleich einer Ressource wurde die Zeit zu einem nutzbaren, aber begrenzten Gut. Daher schien es eine gute Idee, sie effizient zu managen. Ob das funktioniert?

Priorisieren nach dem Eisenhower-Prinzip

Der ehemalige amerikanische Präsident Dwight D. Eisenhower ist Namensgeber einer der bekanntesten Methoden des Zeitmanagements. Sie können sie auch „Prioritätensetzen" nennen. Ob Eisenhower diese Methode tatsächlich entwickelt hat, ist nicht verbrieft, die Geschichte erzählt sich aber gut vor dem Hintergrund, dass er auch General war und sich mit Priorisieren wohl oder übel ausgekannt haben musste. Was versteht man darunter? Im Grunde ist es ein Sortiervorgang.

Anleitung zum Priorisieren

Sortieren

Betrachten wir die folgende Tabelle als buntes Spielbrett mit einer einzigen Figur. Sie repräsentiert uns. Mit dabei haben wir eine Aufgabe. Unser Ziel ist es, diese auf dem richtigen Quadranten zu platzieren.

Wir starten immer vom weißen Feld aus. Vor uns (horizontal) sehen wir die roten Kategorien „dringend" und „nicht dringend", unter uns (vertikal) sehen wir die gelbe Kategorie „wichtig" und die blaue Kategorie „nicht wichtig". Dazwischen spannt sich unser eigentliches Spiel- oder Sortierfeld mit dem orangen, dem ockerfarbenen, dem violetten und dem pinken Quadranten auf.

	dringend	nicht dringend
wichtig	wichtig + dringend	wichtig + nicht dringend
nicht wichtig	nicht wichtig + dringend	nicht wichtig + nicht dringend

Platzieren

Wir stehen nun vor der Herausforderung, eine Aufgabe auf dem richtigen Feld zu platzieren. In meiner Welt ist es beispielsweise wichtig, wenn ein Artikel, der veröffentlicht werden soll, abzugeben ist. Ich starte also vom weißen Feld aus, schnappe mir meine Aufgabe und begebe mich damit auf das gelbe Feld „wichtig". Jetzt blicke ich nach oben, weil ich die Frage nach der Dringlichkeit zu beantworten habe. Wenn der Artikel heute fällig ist, ist es dringend. Ich bewege mich auf das orange

Feld (wichtig + dringend). Wenn der Artikel erst in einer Woche fertig sein muss, gehe ich samt der Aufgabe ein Feld weiter. Ocker. Wichtig, aber nicht dringend.

Handling

Jedes Feld hat spezifische Regeln, wie es mit uns und der Aufgabe weitergeht.

	dringend	nicht dringend
wichtig	sofort selbst erledigen	planen und selbst erledigen
nicht wichtig	jemand anderer? (deligieren?)	nicht bearbeiten

Da ich mit meinem Artikel schon spät dran und daher auf dem orangen Feld gelandet bin, muss ich die Aufgabe den auf diesem Feld geltenden Regeln entsprechend sofort selbst erledigen. Auf dem ockerfarbenen Feld muss ich sie auch selbst erledigen, nachdem ich sie geplant habe.

Besser gefallen mir die Felder in der Kategorie „nicht wichtig“. Nehmen wir an, ein Paket muss dringend zur Post gebracht werden, weil sonst die Umtauschfrist verstreicht. Das müssen wir nicht unbedingt selbst machen. Violett. Wir können jemanden bitten, es für uns zu erledigen. Schöne Farbe. Schönes Feld. Wenn im Übrigen eine Aufgabe weder wichtig noch dringend ist, landen wir damit laut Tabelle auf dem pinken Feld. Nach den Eisenhower-Regeln bräuchte man sie nicht bearbeiten. Tatsache ist, dass vieles auf dem pinken Feld landet.

Wenn Sie das Sortierfeld mit einer Aufgabe Ihrer Wahl ausprobieren, merken Sie sicher, dass es nicht so leicht ist, wie die bunten Farben suggerieren. Es will schon ein bisschen Hirnschmalz investiert sein.

Die Tabelle kann durchaus nützlich sein, wenn es darum geht, Aufgaben Prioritäten zuzuordnen, sie umzureihen oder zu delegieren, sie verlangt aber Aufmerksamkeit und damit Energie. Sie ist auch nicht das Allheilmittel gegen das Aufschieben. Wir wissen ja meist, dass wir Aufgaben jetzt oder ein bisschen später erledigen sollten. Aber erledigt ist die Aufgabe damit immer noch nicht. Weil wir nicht so funktionieren, wie es das Menschenbild hinter dem Zeitmanagement-Ansatz suggeriert. Im Übrigen ist das auch jenes, das hinter den To-do-Listen steckt. Welches Menschenbild? Und warum ist das wichtig?

MYTHEN, DIE NICHT HELFEN …

… UND WISSENSCHAFTLICHE ERKENNTNISSE, DIE HELFEN

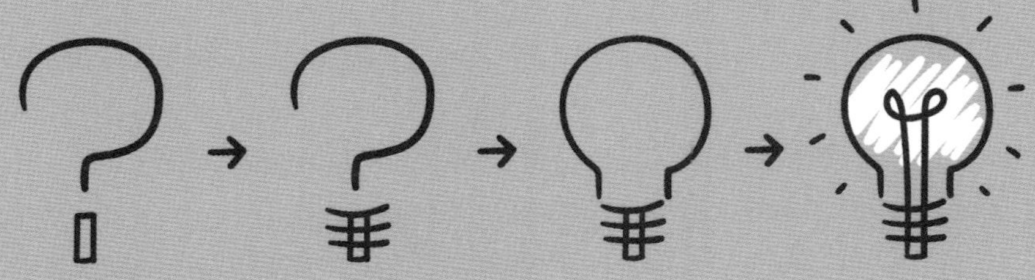

Ein Menschenbild als Problem – der Homo oeconomicus

Wenn wir ein Problem haben, das wir lösen wollen, setzen wir uns, reflektiert, wie wir sind, damit auseinander. Woher ich weiß, dass Sie reflektiert sind? Sie haben bis zu dieser Stelle gelesen! Wenn uns aber vermittelt wird, dass das Problem, das wir haben, gar nicht existiert, können wir es auch nicht lösen. Beim gängigen Menschenbild des Homo oeconomicus gibt es das Problem des Aufschiebens nicht. Dagegen gibt es To-do-Listen und das heilige Zeitmanagement. Wo ist das Problem? Es ist der Homo oeconomicus selbst.

Der Begriff „Homo oeconomicus" setzt sich aus den lateinischen Wörtern „homo" („Mensch") und „oeconomicus" („Haushalter") zusammen, er bedeutet also sinngemäß „haushaltender Mensch". Anders als der Homo sapiens sapiens oder von mir aus auch der ausgestorbene Homo Neanderthalensis wurde der Homo oeconomicus noch nie in freier Wildbahn angetroffen. Das mag daran liegen, dass es ihn gar nicht gibt. Obwohl die mächtigen Wirtschaftswissenschaften trotz fehlender empirischer Beweise so agieren, als wäre das Gegenteil wahr. Das heißt, sie richten Lösungsansätze und Ratschläge am Homo oeconomicus statt an uns echten Menschen aus. Aber bleiben wir neugierig und versuchen wir uns an einem Steckbrief, damit wir so eine sagenhafte Kreatur à la Yeti vielleicht auch erkennen, wenn sie uns begegnen sollte. (Wird sie nicht.)

Was über dieses Wesen beispielsweise erzählt wird, ist, dass es rein logisch und bewusst entscheidet, stets danach strebt, seinen Nutzen zu maximieren, und das auch kann, weil es konsequent Kosten gegen Einsatz verrechnet. Es ist streng gewinnorientiert und verfolgt ausschließlich seine Eigeninteressen. Zu diesem Zweck ist es maximal informiert, sodass es alle Fakten, die für eine noch so komplexe Entscheidung gebraucht werden, immer präsent hat. Die Vorlieben und Interessen des Oeconomicus-Kerls bleiben im Übrigen über die Zeit konstant. Das macht ihn berechenbar. In der Theorie sind wir angeblich alle so! In der Realität ist schon die permanente Informiertheit illusorisch, weil wir nicht über unendlich viel Zeit und unbegrenzte Ressourcen verfügen. Unser Gehirn verbraucht bereits in entspanntem Zustand 20 % unserer Energie – dabei macht es nur ca. 2 % des Körpergewichts aus. Kognitive Prozesse treiben den Verbrauch in schwindelerregende Höhen und sind daher per Definition schon unökonomisch.

Wäre die Welt von Homines oeconomici bevölkert, würden wir uns alle bis ans Lebensende wie Steve Jobs anziehen (Jeans, Sneakers, schwarzer Rollkragenpulli, schwarzes T-Shirt), nie einen lieben Menschen ohne Anlass mit einem kleinen Mitbringsel überraschen, keinem Igel je einen Laubhaufen als Unterkunft zur Verfügung stellen und nie jemanden an der Kasse vorlassen, weil er nur zwei Äpfel in der Hand hat und wir mit dem Wocheneinkauf angestellt sind. Es würde auch bedeuten, dass wir nie zu lange aufbleiben, nie mit einem morgendlichen Kater kämpfen müssen (nein, nicht dem vierbeinigen) und nie so viel Schokolade auf einen Sitz essen, dass es für ein gefühltes Jahr reicht. Bis übermorgen. Sehr rational.

Obwohl in natura unauffindbar, ist dieser ökonomische Mensch allgegenwärtig. Als Menschenbild wohlgemerkt und nicht als simples Modell der Wirtschaftstheorie, wo er eigentlich – gut fixiert zwischen Buchdeckeln – hingehört. Ich bin ja damit einverstanden, dass man mit theoretischen Modellen arbeitet. Komplexe Zusammenhänge können vereinfacht werden, um Vorhersagen zu treffen. Das ist in der Wirtschaft, in der Politik, aber auch in vielen anderen Bereichen, wie zum Beispiel im Gesundheits- oder Versicherungswesen, wichtig. Keine Frage. Vielleicht hat sich das Bild des ausschließlich rational denkenden, handelnden, entscheidenden und optimal wählenden Homo oeconomicus deshalb im Mainstream so verfestigt. Es ist jedoch falsch. Denn nur, wenn die Probleme, die zu lösen sind, ganz einfach sind und das Wissen derjenigen, die diese zu lösen haben, allumfassend ist, kommt man mit rationalen Modellen in die Nähe von tatsächlichem menschlichem Verhalten. Kurz: wenn Spezialist:innen auf einfache Fragestellungen treffen. Wie oft das der Fall ist? Selten.

In der Psychologie wissen wir schon lange, dass ein Großteil unseres Entscheidens und Verhaltens unbewusst und emotional abläuft. Weil wir wie Menschen und nicht wie ökonomische Modelle funktionieren. Auch kluge Kollegen aus den Wirtschaftswissenschaften, verdientermaßen mit dem Nobelpreis ausgezeichnet, haben die eigeschränkte Gültigkeit der Rationalität menschlichen Verhaltens thematisiert und mit ein paar Mythen aufgeräumt. So manches stößt leider noch immer auf taube Ohren, wie zum Beispiel der Umstand, dass Umgebungsfaktoren unser Verhalten wesentlich beeinflussen. Uns lebenden Menschen ist ganz ohne Nobelpreis klar, dass es einen großen Unterschied macht, ob der Couchtisch vor dem Sofa sich vor Naschereien aller Art biegt oder ob er komplett leer ist, während wir uns einen Film anschauen. Für den Homo oeconomicus ist das irrelevant. Bei ihm ist die Summe der verputzten Snacks immer gleich. Er hat es aber auch leicht, es gibt ihn ja nicht. Wir wissen allerdings, was passiert, wenn wir über Stunden eine große Auswahl an Süßem und Salzigem in Griffweite haben.

In unterschiedlichen Settings verhalten wir uns unterschiedlich und vermeintlich irrelevante Faktoren zeigen ihre Wirkung. So kam beispielsweise eine kleine Fliege zu ihrem wichtigen Job am Amsterdamer Flughafen. Dort hatten es die Betreiber nämlich satt, dass die Herren der Schöpfung (sorry, die lesenden Gentlemen) die Urinale der Flughafentoiletten nicht so recht trafen, was nichts mit Business, sondern mit dem kleinen Geschäft zu tun hat. Erst als Plastikfliegen (eine pro Urinal) dort angebracht wurden, wo das Ziel der Erleichterung sein sollte, erhöhte sich die Trefferquote frappant. Um 80 %. Das spart Putzmittel, Zeit und Geld. Von der Hygiene ganz zu schweigen.

Für den Yeti, pardon, Homo oeconomicus, macht eine Fliege keinen Unterschied.

Sie sehen, wenn wir das Verhalten realer Menschen und die Bedeutung von Umgebungsfaktoren nicht negieren, können wir diese auch zielführend gestalten. Wie jene Eltern, die es leid waren, ihren zwei anstrengenden, weil pubertierenden Jugendlichen jeden Tag mehrmals zu predigen, dass die Schmutzwäsche in die dafür vorgesehene Box und nicht auf den Boden gehört. Als sie einen runden Wäschekorb anschafften und ein Basketballnetz darüber anbrachten, hatte das sicht- und riechbare Auswirkungen. Positive.

Hunger und Wetter sind weitere Beispiele für Faktoren, die uns eigentlich nicht kümmern dürften. Aber wir wissen, was passiert, wenn wir hungrig einkaufen gehen. Untersuchungen belegen, dass auch Urteile von Richter:innen vor oder nach dem Mittagessen anders ausfallen. Sie urteilen milder, wenn sie satt sind. Ich finde das ganz und gar nicht irrelevant. Personalentscheider:innen sollten im Übrigen auch die Wetterlage beachten. Wenn sie fair sein wollen, sollte es nicht bei einem Kandidaten regnen und bei der anderen Kandidatin sonnig sein. Es wirkt sich auf ihr Urteil aus. Ökonomisch? Menschlich!

Was hat das mit Aufschieben zu tun? Wenn wir uns als Yetis verstehen, existiert dieses Verhalten gar nicht. Ob langweilig ob spannend, ob mühsam oder leicht, es macht keinen Unterschied. Die Aufgabe wird nach rational zugewiesener Priorität abgearbeitet. Das machen wir aber nicht (immer).

Um unser Verhalten verändern zu können, müssen wir es verstehen. Wenn wir allerdings mit einem falschen oder, milder formuliert, nicht zutreffenden Modell unseres Verhaltens arbeiten, schaffen wir es weder, das Problem einzukreisen (es existiert ja nicht), noch eine Lösung dafür zu finden (es gibt ja kein Problem). Erklären wir also bitte den Homo oeconomicus mit seiner imaginären Welt endlich für tot und konzentrieren wir uns stattdessen auf den echten Menschen mit Vorlieben, Abneigungen, Launen und individuellen Blickwinkeln. Wir können dabei auf prominente Unterstützung zählen.

Erkenntnisse mit Nobelpreis

Es gibt sehr kluge Menschen. Die schreiben sehr kluge Bücher. Eines meiner Lieblingsbücher ist ein ziemlicher Wälzer. Es hat 622 Seiten und hat mich von Anfang bis Ende fasziniert. Und beleidigt. Worum es geht? Um uns. Darum, wie wir funktionieren. Und wir funktionieren nicht so wie der Protagonist des vorherigen Kapitels. Ich reite deshalb so darauf herum, weil es mir äußerst wichtig ist, mit überholten Vorstellungen davon aufzuräumen, wie wir Entscheidungen treffen. Ob wir zum Schokoriegel oder zum Apfel greifen, mit dem Fahrrad oder mit dem Auto fahren oder ob wir jetzt bügeln oder nicht. Eine Aufgabe auf später zu verlegen ist nun mal eine Entscheidung wie andere auch. Bewusst oder unbewusst getroffen. Eine Entscheidung von – noch einmal festgehalten – echten, fühlenden Lebewesen und nicht von modellhaften, gar nicht existierenden, durch und durch rationalen ökonomischen Menschen. *Rest in peace*, Homo oeconomicus – manchmal auch „rational actor“ und eingedeutscht „rationaler Agent“ genannt. Dies zu Ihrer Information, damit man Ihnen gar nicht erst mit anderen Namen zu kommen braucht. Es müssen alle zusammen endlich in die ewigen Jagdgründe geschickt werden. Der kluge Autor des dicken Wälzers hat einen großen Beitrag dazu geleistet.

Wir schreiben das Jahr 2002 und es werden die Nobelpreise verliehen. Da geht doch glatt der von der schwedischen Reichsbank in Erinnerung an Alfred Nobel gestiftete Preis für Wirtschaftswissenschaften an einen Psychologen. Gratulation, Daniel Kahneman! Einen Nobelpreis bekommt man bekanntermaßen nicht einfach so, schon gar nicht, wenn man nicht aus dem Fach kommt, für das der Preis verliehen wird. So eine Entscheidung will gut begründet sein. Im Falle Kahnemans lag sein Verdienst dem ehrenwerten Komitee zufolge unter anderem darin, psychologische Erkenntnisse in die Wirtschaftswissenschaften integriert zu haben. Applaus. Das war höchste Zeit und gleichzeitig ein tiefer Stich ins nicht vorhandene Herz des Homo oeconomicus. Man kann nämlich ausgezeichnete wissenschaftliche Würdenträger und ihre Erkenntnisse nur schwer ignorieren, die belegen, dass wir bei unseren Urteilen und Entscheidungen vorrangig auf unsere Intuition setzen. Das ist ganz schön irritierend, wenn man bis dahin von sich gemeint hat, dass – bis zur höchsten Vorstandsebene großer Konzerne hinauf – Entscheidungen durch und durch rational und logisch getroffen werden. Unter uns gesagt: Wir können durchaus rational sein und logisch denken. Aber viel seltener, als wir glauben wollen. Wenn Ihnen das nicht so recht gefällt, heiße ich Sie herzlich willkommen im Club. Ich war deshalb bei der Lektüre des Nobel-Werks mit dem Titel „Thinking Fast and Slow" (dt.: „Schnelles Denken, langsames Denken") schwer beleidigt. Bis zu der Stelle, wo sinngemäß geschrieben steht, so manchem Urteil läge intuitive Expertise zugrunde. Wir sind demnach intuitive Expert:innen. Das gefiel mir wieder. Stimmt ja auch. Wenn wir uns beispielsweise am Morgen zu unseren E-Mails setzen, „wissen" wir oft allein aufgrund des Absenders ziemlich genau, was uns inhaltlich erwartet. Oder wir wissen, dass in den allermeisten Fällen der Hund die Hausübung nicht gefressen hat. Hinter dieser Art von Wissen steckt intuitive Expertise. Meistens liegen wir damit ungefähr richtig. Unsere intuitiven Urteile sind nicht ganz genau. Sie sind weniger ein Laser, sondern eher eine Schrotflinte mit breiter Streuung. Aber dafür schnell. Für die meisten Fälle unseres privaten und beruflichen Alltags genügt uns das. Es fühlt sich außerdem recht gut an. Wir büxen mit unseren intuitiven, spontanen Antworten und Herangehensweisen schwierigen Fragen oder Unterfangen aber auch aus, etwa wenn wir präzise sein, etwas logisch durchdenken, detailliert planen oder anders als sonst machen sollten. Dann reicht die Intuition nicht. Das fühlt sich nicht gut an. Wir brauchen dann etwas anderes. Etwas nicht Automatisiertes. Etwas Anstrengenderes. Eine Alternative zum schnellen System. Zum Glück haben wir (bildlich gesprochen) zwei: ein schnelles und ein langsames System.

Mühelos oder anstrengend

Ich kann Ihnen ja viel erzählen, aber ich möchte Ihnen gerne eine Erfahrung ermöglichen. An die erinnern Sie sich dann besser und Sie können sie gleich ins Leben außerhalb dieser Seiten mitnehmen. Geben Sie sich bitte drei Sekunden (nicht mehr!) Zeit und beantworten Sie folgende Frage: Was sehen Sie auf dem unteren Bild?

Erkennen Sie einen jungen Menschen, der in einen Telefonhörer brüllt? Sehr gut. Dafür haben Sie gar keinen Ton zum Bild gebraucht! Den Gemütszustand haben Sie höchstwahrscheinlich auch gleich eingeschätzt.

Wütend? Sehe ich auch so. Sie können sich vorstellen, wie diese Szene weitergeht? Sie haben also gleich eine ganze Geschichte, die Vergangenheit, Gegenwart und Zukunft umspannt, anhand dieses Bildes parat? Darf ich bekannt machen: Das ist Ihr schnelles System, Ihr schnelles Denken, das den Job ganz fabelhaft erledigt hat. Spontan. Intuitiv. Mühelos. Damit kommen wir die meiste Zeit des Tages durch. Im Betriebsmodus Automatik. Außer wir müssen etwas ganz anderes erledigen. Wie zum Beispiel diese Aufgabe: Lösen Sie bitte im Kopf:

16 % von 25 = …

Keine Lust? Verstehe ich. Sie müssen nämlich „umschalten". Auf Ihr langsames System. Was Sie zur Lösung brauchen? Aufmerksamkeit. Willentliches Steuern. Logik. Bewusstes, reflektiertes, bedächtiges Denken. Automatik hilft Ihnen hier nicht weiter. Außer Sie haben es oft mit Prozentrechnungen zu tun.

Sie finden es vielleicht nicht nett, dass ich Sie in diesen Zustand erhöhter Anstrengung, die sich auf Ihre Stimmung schlägt, hineinjage. Aber wetten, wir können Sie da auch wieder herausholen? Dies zum Zweck, dass Sie Ihre zwei Systeme gleich bei der Arbeit kennenlernen. Bereit für einen Hauch mehr Leichtigkeit? Dann drehen Sie die Prozentrechnung bitte um. Also: Lösen Sie im Kopf:

25 % von 16 = …

Das ist einfacher? Ihre Stimmung hebt sich? Das Ergebnis? 4. Richtig! Das kann man bei dieser Art von Prozentrechnung im Übrigen immer machen, beispielsweise bei 8 % von 50 (50 % von 8) oder 27 % von 10 (10 % von 27): die Zahlen einfach umdrehen. Dann ist wieder Ihr schnelles Denken am Werk, weil Sie das Wissen dafür leichter aus Ihrem Gedächtnis abrufen können. Die Automatik ist dran. Ihr langsames Denken brauchen Sie, wenn der Trick mit dem Umdrehen nicht funktioniert. Wie beispielsweise bei

$$38\,\% \text{ von } 97 = \ldots$$

Das dürfen Sie jetzt sogar mit Papier und Stift ausrechnen. Haben Sie gerade Ihre Augen verdreht und gestöhnt? Haben Sie „Sicher nicht!“ gedacht oder gesagt? Herzlichen Glückwunsch! Die Anstrengung, die es dafür bräuchte, macht sich bei Ihnen bemerkbar, ebenso Ihre mangelnde Bereitschaft, Energie dafür zu investieren. Alles richtig und außerdem eine Erfahrung gemacht! Schön, dass Sie sich darauf eingelassen haben. Dann haben Sie auch erlebt, dass das kein rein mentaler Vorgang war. Ihre Atmung ist wahrscheinlich schneller geworden, vermutlich haben Sie die Stirn gerunzelt, Ihr Blutdruck ist gestiegen und Ihr Herzschlag hat sich beschleunigt. Anstrengung schlägt sich in körperlichen Reaktionen nieder. Auch wenn das hier vermutlich nur ganz kurz und jenseits Ihrer Wahrnehmungsschwelle der Fall war.

Wären wir ein Flugzeug, wären wir die meiste Zeit im Modus „Autopilot:in“ unterwegs. Der:die Pilot:in ist zwar anwesend, aber wenn alles gut läuft und nichts Unvorhergesehenes passiert, bleibt er:sie auf Standby. Das bedeutet auch, dass wir in diesem Modus unseren Eindrücken und Intuitionen vertrauen und unseren Wünschen nachgeben. Das spart Energie. Der:die Autopilot:in lässt sich im Übrigen nicht abschalten. Auch dann nicht, wenn wir in Situationen geraten, in denen der:die Pilot:in übernehmen muss. Und diese Situationen gibt es. Es sind bisweilen auch jene, die wir gerne aufschieben.

Sie haben Ihre beiden Systeme nun zwar schon bei der Arbeit erlebt, aber noch nicht bei der Zusammenarbeit. Die ist nämlich oftmals gar nicht so harmonisch, wie wir es uns wünschen würden. Zumal der:die Autopilot:in hartnäckig und auf die Hauptrolle abonniert zu sein scheint. Wenn Sie eine Erfahrung dazu machen möchten, habe ich hier wieder etwas für Sie. Sie brauchen dazu eine Uhr mit Sekundenzeiger oder die Stopp-Funktion Ihres Handys. (Ich empfehle das zwar ungern, weil Handys ein enormes Ablenkungspotenzial haben, aber sie sind wirklich praktisch.)

Los geht's! **1. Durchgang:** Schauen Sie auf Ihre Uhr oder drücken Sie auf „Start" und versuchen Sie die Wörter in der Tabelle so schnell wie möglich laut zu lesen. Ob von oben nach unten oder von links nach rechts, ist Ihnen überlassen. Wenn Sie fertig sind, schauen Sie wieder auf Ihre Uhr oder drücken Sie auf die Stopp-Taste.

Start!

Gelb	Rot	Grün	Blau	Weiß
Schwarz	Braun	Violett	Grau	Rot
Grün	Weiß	Schwarz	Violett	Grau
Violett	Gelb	Braun	Gelb	Blau
Schwarz	Blau	Rot	Grün	Weiß

Stopp! Zeit gemessen? Handy weggelegt? Sehr schön. Also, wie lange haben Sie für den ersten Durchgang gebraucht? Wenn es zwischen 10 und 20 Sekunden waren, ist das schon recht schnell. Ist es Ihnen leichtgefallen? Wahrscheinlich. Bereit für den nächsten Durchgang?

2. Durchgang: Versuchen Sie die Farbe der Wörter (nicht die Wörter) so schnell wie möglich in der von Ihnen im ersten Durchgang gewählten Reihenfolge aufzusagen. Nutzen Sie dafür erneut die Zeitmessung Ihrer Wahl.

Start!

Braun	Rot	Grün	Blau	Weiß
Schwarz	Blau	Violett	Grau	Rot
Grün	Weiß	Grün	Rot	Grau
Violett	Gelb	Gelb	Gelb	Blau
Schwarz	Blau	Braun	Grün	Violett

Stopp! So einfach diese Aufgabe auf den ersten Blick scheint, sie ist ganz schön anstrengend. Was sagt die Zeitmessung? Mindestens drei- bis viermal so lang wie beim ersten Durchgang, wenn nicht länger.

Bei dieser Aufgabe erleben wir, dass sich der:die Autopilot:in nicht ausschalten lässt. Das automatische System schlägt die ganze Zeit Antworten vor. Die wären einfacher. Das wäre angenehmer. Es sind aber nicht die richtigen. Damit wir die Aufgabe lösen können, muss der:die Pilot:in, das heißt unser Wille, die Kontrolle übernehmen. Das bereitet Mühe. Das kostet Energie. Das merken wir auch an unserer Stimmung!

Abgesehen davon, dass es oftmals unumgänglich ist, automatische Reaktionen abzubremsen, um dadurch negative Konsequenzen zu verhindern, wollen wir ja auch Ziele, die wir uns gesetzt haben, erreichen. Das müssen wir bewusst steuern und ein Verhalten an den Tag legen, das man auch als „Selbstbeherrschung“ kennt. Ein Begriff, der mir als Ansatz zur Lösung des Aufschiebens nie besonders gut gefallen hat. Ich bevorzuge „Selbstwirksamkeit“, das passt für unsere Zwecke besser. Denn wir wissen nun um unsere beiden Systeme und wollen sie zur wirkungsvollen Zusammenarbeit bewegen. Dazu ein Vorschlag. Dazu noch ein Durchgang.

3. Durchgang: Die Aufgabe kennen Sie bereits. Versuchen Sie wieder, die Farbe der Wörter (nicht die Wörter) so schnell wie möglich laut aufzusagen. Aber es kommt ein hilfreiches Plus dazu. Bilden Sie für diesen Durchgang einen Vorsatz: Halten Sie kurz inne und planen Sie den Umgang mit der Aufgabe. Wie zum Beispiel: „Es geht nicht um das Wort! Ich ignoriere das Wort und konzentriere mich auf die Farbe.“ „Ich spreche nur die Farbe laut aus.“ „Nur die Farbe, nicht das Wort!“ Nehmen Sie den Vorsatz, der für Sie am besten passt. Und dann kann es losgehen: Nennen Sie die Farben so schnell wie möglich und achten Sie auf Ihre Zeit, gerne auch auf Ihre Stimmung und die Dynamik.

Gelb	Rot	Grün	Blau	Weiß
Schwarz	Braun	Violett	Grau	Rot
Grün	Weiß	Schwarz	Violett	Grau
Violett	Gelb	Braun	Gelb	Blau
Schwarz	Blau	Rot	Grün	Weiß

Wie ist es Ihnen ergangen? Sie waren nicht so schnell wie bei Durchgang 1, aber es war auch nicht so mühsam wie bei Durchgang 2? Es macht einen Unterschied, das Wissen um den Autopiloten, den wir nicht ausschalten können, ins Kalkül zu ziehen und die Pilotin in Bereitschaft zu versetzen? Sicher haben Sie im Bilden und Nutzen eines Vorsatzes einen analogen Effekt zur Liste^{+} bemerkt. In beiden Fällen wirkt das Plus wie die Nadel eines Kompasses. Wenn sie auf „Hier geht's lang" oder „So mache ich das" zeigt, wirkt sich das nachgewiesenermaßen auf unsere Konzentrationsleistung und auch auf unsere Stimmung aus. Das sind doch spannende Effekte der Zusammenarbeit unserer beiden Denksysteme. Obwohl unser Hirn ja angeblich gar nicht zum Denken da ist.

Unser Hirn ist nicht zum Denken da

Die liebe Verwandtschaft

Wie geht es Ihnen mit Ihrer Verwandtschaft? Mögen Sie sie? Sehen Sie sie oft? Bei mir kommt es darauf an. Ich liebe zum Beispiel meinen Onkel, sehe ihn aber zu selten. Einen entfernten Cousin finde ich sehr interessant, mit ihm habe ich mich in letzter Zeit auch endlich mehr beschäftigt. Sein Name ist Amphioxus, und eigentlich sind wir alle – wenn auch über ein paar Ecken – mit ihm verwandt. Auf seine Spur hat mich die renommierte Neurowissenschaftlerin Lisa Feldman Barrett gebracht.

So ein Kerlchen, oder eher einen seiner Nachfahren, haben Sie möglicherweise schon einmal übersehen, weil Sie ihn für einen Wurm oder einen Grashalm in einem Gewässer gehalten haben. Er stammt aus einer Zeit von vor ca. 550 Millionen Jahren. Damals gab es auf der Erde weit und breit kein Hirn. Wenn Sie diesen Eindruck manchmal auch von der Gegenwart haben, verstehe ich Sie natürlich. An dieser Stelle ist es aber wörtlich gemeint. Ein Hirn wurde damals schlicht nicht gebraucht. Also gab es keines. Auch nicht für unseren Cousin.

Unser Cousin in der fernen Vergangenheit hatte, wenn man so will, eine perfekte Work-Life-Balance. Mithilfe eines sehr simplen Bewegungssystems strudelte er entweder mit einer Art Propeller durchs Wasser oder pflanzte sich bequem in den Meeresboden und wartete auf Essbares. Food Delivery rund um die Uhr. Riechen- oder Schmeckenkönnen war nicht notwendig. Ohren brauchte er keine, Augen auch nicht, nur eine Handvoll Zellen, um Hell von Dunkel unterscheiden und auf Veränderungen seiner Umwelt reagieren zu können. Weit und breit kein Stress. Der ging erst vor ca. 500 Millionen Jahren los.

Stellen wir uns einen typischen Nachmittag wie damals vor: entspanntes Schweben im Wasser, Nahrung treibt daher, die Strömung bewegt eine:n hierhin und da hin, *no business*, alles *as usual*. Fast. Denn auf der Bildfläche erscheint ein Spielverderber.

Irgendwie ist es einem unserer fernen Cousins gelungen, ein anderes Lebewesen zu (er-)spüren. Und das, was dieser Spielverderber als Mitlebewesen wahrnahm, setzte er gleich auf seine Speisekarte. Es sei der Ehrenrettung halber angemerkt, dass es durchaus passieren konnte, dass ein Lebewesen ein anderes en passant verschluckte. Was jetzt aber ganz neu war: die Fähigkeit des Wahrnehmens und die absichtliche, vorsätzliche Anreicherung des bis dahin zufällig zusammengewürfelten Speiseplans. Halali. Die Jagd war erfunden.

Von da an gab es zwei Möglichkeiten: Jagen oder Gejagt-Werden. Und damit war nichts mehr wie vorher. Schluss mit dem Relaxen, dafür Wettbewerb und Stress. Auf einmal stellten sich folgenschwere Fragen: Was ist das Ding da drüben? Kann ich es essen? Kann es mich essen? Bin ich schneller als das Ding? Oder wenigstens schneller als das Ding neben mir?

Es war für beide Seiten, Jäger hier, Beute dort, eine gute Idee, möglichst rasch ein Bündel an Fähigkeiten für diese neuen Verhältnisse zu entwickeln. Version 2.0, aber fix! Und diese *next generation* war wahrlich besser ausgerüstet. Statt nur Schatten und Licht zu erahnen, konnten die Cousins der nächsten Entwicklungsstufe tatsächlich sehen. Sie ließen

sich auch nicht mehr bequem mit der Strömung treiben. Sie „bewegten“ sich in ihrer Umgebung. Räumliche Orientierung war dafür das neue Super-Tool. Das hat sich durch die Zeiten bewährt. Es war nämlich auch sehr viel später gut zu wissen, ob sich das Mammut vor oder hinter einem befand und wo der nächste Baum war.

Aber zurück in den Ozean. Nach der Erfindung der Jagd konnte man nicht mehr einfach so durch die Gegend planschen. Zumindest nicht für lange Zeit. Durchgesetzt haben sich die, die sahen, wo wer oder was war, und sich auch dort hin- oder davon wegbewegen konnten. Die moderne Erfindung „Bewegung“ benötigte allerdings mehr Energie. Woraus sich wieder neue Herausforderungen ergaben.

Nehmen wir an, es war Essenszeit. Oh, wie praktisch! Hinter dem Stein da drüben dümpelt gerade ein Kollege herum. Der sieht sehr lecker aus. Aber auch verdammt fit. Der Energieverbrauch, den man hat, um den Speiseplan mit dem fitten Typen anzureichern, könnte dummerweise genauso hoch sein wie der, um ihn zu erwischen. Ganz düster wurde es, wenn einem zwischendurch die Energie ausging, weil der Kerl gar nicht verspeist werden wollte und man daraufhin selbst zur Mahlzeit wurde. Solange die Energieressourcen für das Vorhaben ausreichend waren oder rechtzeitig wieder aufgefüllt wurden, war alles gut. Aber wenn nicht? Dann endete man womöglich als Dessert. Wie stellt man es nun an, dass einem die Energie genau dann, wenn man sie am meisten braucht, nicht ausgeht? Man könnte vor einer Aktion eine Einschätzung vornehmen und den Körper auf die Situation vorbereiten. Nennen wir es Antizipation. Dementsprechend würde man sich die Energie einteilen. Das nennen wir Energieeffizienz. Das ist so etwas wie eine Vorhersage, ob es sich zu einem bestimmten Zeitpunkt lohnt, einen gewissen Aufwand zu treiben. Oder eben nicht.

So kam es, dass ein Lebewesen, das sich auf seine Bewegungen angesichts eines möglichen Angriffs vorbereitete, höhere Überlebenschancen hatte. Und je öfter ein Lebewesen mit seinen Einschätzungen richtig lag, umso besser wurde es darin, und es verbrauchte dafür sukzessive weniger Energie. Je weniger Fehler gemacht und je besser aus (nicht zu großen) Fehlern gelernt wurde, umso besser waren die Chancen nicht nur auf Überleben, sondern auch auf Fortpflanzung. Antizipation trifft Energieeffizienz. Ein Erfolgsrezept.

Wenn wir uns wie in einem Film im Schnelldurchlauf durch Hunderte von Millionen von Jahren spulen, sehen wir, dass Lebewesen größer, komplexer, komplizierter werden. Es ist beeindruckend, welche Lebewesen die Evolution hervorgebracht hat. Tintenfische und Buckelwale, Säbelzahntiger und Wollnashörner, Giraffen und Gorillas und uns Menschen. Auch die Ausstattung wurde immer besser. Augen, Ohren, Nasen, Herzen, Lungen, Hormone, Immunsysteme, Muskeln, Verdauungsapparate, Knochen und Haut und Haare und Nervensysteme … Mit welch großartigen Features wir heutzutage ausgestattet sind! Ich möchte kein einziges missen. Vor allem nicht, weil sie so interessant funktionieren. Lachen zum Beispiel. Dabei aktivieren wir Gesichts-, Atem- und Kehlkopfmuskulatur. Die Bronchien werden schön durchgepustet. Und obendrein schütten wir Glückshormone aus. All das passiert in der richtigen Reihenfolge, perfekt abgestimmt, hier nicht zu wenig, dort nicht zu viel.

Eine Ausstattung wie die unsere braucht für ihr Funktionieren natürlich viel Energie. Es ist ein bisschen wie in modernen Autos mit ihrer Elektronik. Aufwendig. Kompliziert. Da muss alles perfekt ineinandergreifen. So ein Meisterwerk der Ingenieurskunst springt ja gleich mal nicht an, wenn ein Kleinteil in der Verkabelung links hinten einen Wackelkontakt hat. Das erkennt man daran, dass ein Lämpchen in der Kommandozentrale, vulgo Cockpitanzeige, aufblinkt. Vielleicht. Manchmal auch nicht. Kompliziert eben. Und das ist nur ein Ding aus Metall und Drähten. Wir hingegen sind ein lebendiges Wunderwerk, das auch mit einem Schnupfen noch anspringt. Und dann haben wir noch ein Superfeature: unser Hirn. Ich vergleiche uns eigentlich sehr ungern mit

Maschinen, weil wir eben wirklich nicht wie sie funktionieren. Aber es macht vielleicht nachvollziehbarer, warum eine Steuerzentrale wie unser Gehirn irgendwann einmal notwendig wurde. Je mehr Funktionen, desto mehr Steuerung, je mehr Komplexität, umso mehr Koordination ist notwendig. Das macht unser Gehirn. Und es erledigt seinen Job sehr gut. Das Betreiben eines Gehirns kostet uns aber auch wieder Energie. Und nicht wenig. Haben Sie bemerkt, wie subtil ich Sie an dieses zentrale Thema herangeführt habe? Das Energie-Thema? Natürlich haben Sie das.

Gestatten, Ihr Management!

Spätestens an dieser Stelle sind Sie hoffentlich so beeindruckt von uns wie ich. Wir haben uns aus dem Blickwinkel von Cousin Amphioxus – Sie erinnern sich, das entspannte Kerlchen aus dem Urmeer – im Lauf der Evolution stark weiterentwickelt. Was sich ebenfalls weiterentwickelt hat, ist unser Energiebedarf. Je komplexer die Körper wurden, umso höher wurde der Bedarf an Energie, um sie zu betreiben, um dafür zu sorgen, dass sie überlebten, dass es ihnen gut ging und sie sich fortpflanzten. Diesbezüglich ist die Evolution recht einfach gestrickt. Dafür hat sich unser Gehirn entwickelt und dafür ist es auch heute noch da. Das ist im Übrigen eine relativ neue Erkenntnis. Vielleicht stelle ich Ihnen unser Gehirn daher noch einmal ganz offiziell vor:

Sie kennen das ja: Wenn man einander offiziell vorgestellt wird, beginnt zunächst meist ein höflicher Smalltalk. Wir werfen einen Blick auf die uns gerade überreichte Visitenkarte und stellen Fragen zu dem, was darauf geschrieben steht. Was wir uns unter der Position vorstellen können, wie lange unser Gegenüber das schon macht und so weiter. Oft sind solche Gespräche ziemlich langweilig, aber in diesem Fall haben wir die einzigartige Möglichkeit, ein paar spannende Fragen mit dem eigenen Management zu klären. Und erfahren zum Beispiel, dass unser Gesprächspartner eigentlich Teil unseres eigenen Riesenunternehmens namens Körper und vorrangig für unsere Finanzen, also unsere Energie, zuständig ist. Superwichtig wäre der Job im Übrigen, weil es dem ganzen Unternehmen an den Kragen ginge, wenn das mit den Finanzen nicht funktioniere. Man sei rund um die Uhr damit beschäftigt, die Energiekonten im Blick zu haben und darauf zu schauen, dass bloß nicht mehr ausgegeben als eingezahlt werde. In diesem Zusammenhang könne man getrost von Ressourcen sprechen. Für die müsse stets vorausschauend geplant und gespart werden. Einnahmen wären hingegen immer willkommen. Als Währung für Einzahlungen würden beispielsweise Wasser, Zucker, Schlaf und Erholung akzeptiert. Ausgegeben würde für jede Aktion, die sich lohne, aber keine Gefahr für die Ressourcen darstelle. Wenn wir in diesem (zugegeben recht schrägen) Gespräch darauf hinweisen würden, dass das sehr konservativ klingt, müssten wir uns anhören, dass das Management das immer schon so gemacht und damit bis jetzt immer noch ein ausgeglichenes Energie-Budget hinbekommen habe. Vieles davon ohne Dank und unbemerkt, also unbewusst. Dann versichern wir natürlich eilig, dass ja wirklich alles super klappt, und dass wir, weil wir meistens wirklich nichts davon mitbekommen, gerne mehr darüber erfahren würden. Nun, man sei nicht nur das Management, sondern auch für Investment und – wie oft soll man es denn noch betonen? – vorausschauend tätig. Das bedeute, dass der Energiebedarf des Unternehmens, von der kleinen Zehe bis zum Ringellöckchen, immer schon berechnet sei, bevor etwas gebraucht werde. Dafür würden Erfahrungen aus der Vergangenheit als Informationsquelle herangezogen. Da man als Gehirn neben Antizipation auch auf Effizienz ausgerichtet sei, reiche im Übrigen schon eine ähnliche Situation als Referenz. Überraschungen würden auf dem Gebiet des Investments seitens des Managements dadurch vermieden.

Eine Sitzung des Managements könne man sich wie folgt vorstellen:

„Wir steuern auf Situation B zu."

„Situation B sieht ungefähr aus wie Situation A."

„Wie viel Energie wurde in Situation A verbraucht?"

„So und so viel."

„Wir haben in Situation A mit so und so viel gute Erfahrungen gemacht."

„Das wird in Situation B wahrscheinlich wieder so sein."

„Dann budgetieren wir so wie damals."

„Das können wir."

„Haben wir immer so gemacht."

„Machen wir wieder so."

„Super."

Jede Aktion wird daraufhin geprüft, ob sie sich wirklich lohnt, man könnte auch sagen, ob es die Anstrengung wert ist. Diese Entscheidung basiert auf Erfahrungen.

„War eine gute Investition."

„Positiver Outcome?"

„Ja."

„Merken wir uns."

„Super."

Das sind natürlich keine bewussten Entscheidungen, wie wir schon wissen. Ob etwas eine gute Investition ist, es die Energie, den Aufwand wert ist, ist mit dem Körperbudget verknüpft. Schön, dass unser Management das gut im Griff hat. Aber nur so unter uns und ganz leise angesprochen: Das ist schon sehr konservativ, oder? Investiert wird in Bewährtes. Und es wird so vorausschauend agiert, dass man mit Daten aus der Vergangenheit arbeitet und den Verlauf einer Situation anhand einer ähnlichen früheren Erfahrung verwendet, um die gute Energie zu sparen. Wissen Sie, was das in der Praxis bedeutet?

Unser Gehirn verarbeitet Daten aus der Umgebung und dem eigenen Körper und schätzt aufgrund vergangener Erfahrungen ein, was als Nächstes passieren wird. Da es beim Verhalten viele Möglichkeiten gibt und wir schon eine ganze Menge Erfahrungen gemacht haben, gleicht unser Gehirn die ganze Zeit die auf unseren Erfahrungen beruhenden Einschätzungen mit den eintreffenden Daten ab. Und jetzt kommt's: Öfter, als man meinen möchte, braucht das Gehirn aktuelle Daten, die von den Sinnesorganen kommen, gar nicht. Die jeweilige Reaktion auf die eintreffenden Daten resp. Reize, wie Sehen, Riechen, Schmecken, Hören und viele andere mehr, wird konstruiert. Ein Beispiel: Wenn Sie Durst haben und zu einem Glas Wasser greifen, sind Sie, wenn Sie es ausgetrunken haben, nicht mehr durstig. Das verdanken Sie Ihrem Gehirn. Es hat aufgrund Ihrer Erfahrungen die Empfindung „nicht mehr durstig" konstruiert. Wasser braucht nämlich bis zu 20 Minuten, um in Ihren Blutkreislauf zu gelangen. Da hat Ihr Gehirn schon lange die Empfindung „nicht durstig" gesendet.

Dagegen haben wir ja keine Einwände. Es bedeutet aber auch, dass das Management manchmal aufgrund einer vergangenen Erfahrung beschließt, keine Energie für etwas zur Verfügung zu stellen.

„Wir haben Situation Y."

„Sieht wie Situation Z aus."

„Situation Z war richtig unangenehm."

„War übel."

„Hat uns nicht gefallen.“

„Wollen wir nicht wieder haben.“

„Wir lassen Y also bleiben.“

„Super.“

Unser Gehirn ist also darauf ausgelegt, dass wir eine Aktion initiieren, bevor wir uns dessen überhaupt bewusst sind. Oder, anders ausgedrückt: Unsere Aktionen werden von unseren Erfahrungen und der Umgebung, in der wir uns befinden, bestimmt. Das ist die meiste Zeit sehr praktisch und macht es möglich, dass wir ein Buch lesen, einen Film ansehen, mit dem Fahrrad fahren können, ohne groß nachzudenken. Es kann aber auch lästig sein, etwa wenn wir einen Widerwillen gegen Mathematik entwickelt haben, uns beim Anblick von Excel-Tabellen schlecht wird und wir deshalb auch Aufgaben wie das Schreiben von Rechnungen in diese Kategorie einordnen.

Was können wir dagegen tun? Unserem Gehirn ein Szenario anbieten, das auch zur Auswahl steht, um eine Handlung in Gang zu setzen. Sie kennen das Prinzip bereits vom Gute-Nacht-Zettel oder von der Pilotin, die in Bereitschaft versetzt werden muss. Es gilt, die Automatik unseres vorausschauend arbeitenden, auf Körperenergie-Sparen spezialisierten Gehirns bewusst zu unterstützen. Man könnte auch Lernen dazu sagen. Dass dabei Emotionen eine wichtige Rolle spielen, haben Sie wahrscheinlich bereits geahnt.

Emotionen und Körperentscheidungen

Ich kann Ihnen versichern, Sie haben mittlerweile einen recht umfassenden Überblick darüber, wie wir funktionieren. Dieses Wissen hilft beim Verständnis unseres Verhaltens, was per se schon spannend ist, und kann uns in weiterer Folge bei gewünschten Veränderungen unterstützen.

Wir haben festgestellt, dass wir überwiegend unbewusst und damit recht gut durchs Leben kommen. Es ist der Energiespargedanke unseres Gehirns, der dahintersteckt. Charmant finde ich, dass unser Gehirn möchte, dass es uns gut geht. Dazu verwendet es Erfahrungen aus der Vergangenheit und gleicht sie mit der Situation ab, die gerade auf uns zusteuert. Dann legen wir ein entsprechendes Verhalten an den Tag. Am besten eines, das so bald wie möglich, also jetzt, so angenehm wie möglich für uns ist. Dafür erhalten wir aus unserem Gedächtnis, in dem unsere Erfahrungen gespeichert sind, in Windeseile eine Reihe von Verhaltensvorschlägen. Davon setzt sich einer durch. Man könnte auch sagen, dass wir eine Entscheidung treffen oder uns ein Urteil bilden. Unser Urteil steht also am Ende unseres Entscheidungsprozesses. Dabei spielen emotionale und auch körperliche Empfindungen eine weit größere Rolle, als wir uns lange Zeit gedacht haben. Frei nach dem Neurowissenschaftler António Damásio können wir uns vorstellen, dass jede Situation, die wir erleben, mit einer Art Etikett abgespeichert wird. So eines, wie wir es in nahezu jedem Kleidungsstück, das wir tragen, finden. Gehen wir also davon aus, dass in jeder Situation, bei jeder Erfahrung, die wir machen, ein Etikett erzeugt wird. Darauf steht dann entweder „gut gewesen, wieder machen“ oder „schlecht gewesen, bleiben lassen“. Die Bewertung „gut“ oder „schlecht“ ist emotional und gemeinsam (wir könnten auch „untrennbar“ sagen) mit der körperlichen Empfindung abgespeichert, mit der diese Erfahrung einherging. Auf „Neurowissenschaftlich" und „Psychologisch" heißen diese körperlichen Empfindungen „somatische Marker" und sie fungieren – wesentlich prominenter, als wir vermuten möchten – als interne Hinweise. Sie sind es, die gemeinsam mit den Emotionen letztendlich den Ausschlag geben, ob wir für ein Verhalten ein „Go" oder ein „Stopp" erhalten, uns einer Situation annähern oder diese vermeiden, also ob wir etwas in Angriff nehmen oder es bleiben lassen.

„Schlecht + Stopp" und „gut + Go" ist zwar ein simples Bewertungssystem, aber damit kann unser Management die vielen Situationen, denen wir im Alltag begegnen, sehr schnell und ausreichend gut beurteilen. Und das immer vor dem Hintergrund, dass positive Erfahrungen und die damit einhergehenden Emotionen, Stimmungen, Körperempfindungen wiederholt und negative vermieden werden sollen.

Weil wir nicht erst seit gestern auf der Welt sind und schon viele Erfahrungen mitsamt den dazugehörenden somatischen Markern unser Eigen nennen, ist unser Management sehr geübt darin, auch nur die kleinsten Veränderungen unseres Körperzustandes zu registrieren, die wir dann interpretieren. Vom leicht unguten Bauchgefühl („Ich weiß nicht so recht") bis zum Ganzkörperwiderstand („Nein, nein und nochmals nein!"), vom leichten Schmunzeln („Nett") bis zum strahlenden Ganzkörperjubel („Super, mega, ja, ja, ja!").

Verblüffend ist die uns bereits bekannte Tatsache, dass Körperempfindung plus Emotion unser Verhalten anleiten und die Begründung für dieses Verhalten erst danach kommt. Lassen wir uns diese Erkenntnis wie ein Schokobonbon auf der Zunge zergehen: Zuerst meldet sich unser ungutes Bauchgefühl, dann vermeiden wir eine Situation und dann kommt die Begründung, warum wir das Vermeidungsverhalten an den Tag legen. Nicht umgekehrt.

Wenn wir also beispielsweise mit der Situation des Rechnungen-Sortierens für die Steuererklärung konfrontiert sind, meldet sich möglicherweise besagtes ungute Bauchgefühl samt emotionalem Widerstand. Kein Wunder, wir haben ja genügend Erfahrungen gespeichert, in denen wir bei vergleichbaren Aufgaben ordentlich Energie verbraucht haben und uns am Ende auch noch von Energie in Form von Zahlungen an das Finanzamt trennen mussten. Gut gewesen? Sicher nicht. Wahrscheinlichkeit des Vermeidens daher: hoch. Im Übrigen erreichen somatische Marker zumeist gar nicht unser Bewusstsein. Nur wenn sie sehr stark sind.

Mittlerweile brauche ich eigentlich immer eine Brille, weil ich sonst weder eine Speisekarte lesen noch ein Insekt von einem Fleck unterscheiden kann. Ersteres ist weniger schlimm. Stellen Sie sich aber die Stärke des somatischen Markers, die Art der Emotion und das dazugehörige Verhalten in folgender Situation vor: Ich liege – nacktgesichtig – entspannt unter einem Baum im Gärtchen meiner Schwiegermutter und sehe einen schwarzen Klecks. Da ich in meinem Buch weiterlesen möchte, setze ich meine optische Sonnenbrille auf und identifiziere den Klecks als Spinne, die mit mir im Schatten des Baumes chillt. Laut Schwiegermutter habe ich einen Senkrechtstart vom Handtuch hingelegt, begleitet von einem spitzen Schrei. Sie war recht beeindruckt, sowohl von der Geschwindigkeit als auch vom „Sirenengeheul". Eine Zeit lang habe ich den Baum dann gemieden. Passt eindeutig zu „schlecht gewesen, bleiben lassen".

Der aufgeschobene Schlaf

Wenn Sie Kinder im Haus haben oder hatten, kennen Sie das. Sie wollen einfach nicht schlafen gehen. Alles scheint spannender zu sein als das auf sie wartende Bett. Es ist manchmal gar nicht nachvollziehbar, was an einem ganz normalen Abend so spannend ist. Wenn Gäste da sind, verstehen wir das ja noch. Für die Kleinen ist aber die Erwachsenenwelt an und für sich reizvoll genug. Na gut. Am Ende haben Eltern und Erziehende Wege zu finden, um gut funktionierende Schlafroutinen zu entwickeln. Einfach zu sagen „Es passiert gar nichts Interessantes mehr" hilft nicht. So wahr es vielleicht auch sein mag. Da ist dann Durchhaltevermögen gefragt. Sie wissen, wovon ich spreche? Sie haben es geschafft? Es möge Ihnen ein Pokal überreicht werden! Wenn die Kleinen diesbezüglich aus dem Gröbsten raus sind, währt die Verschnaufpause nur kurz. Denn die Herausforderung mit dem Schlafen kommt schneller als gedacht zur Hintertür wieder herein, nämlich in der nervenaufreibenden Pubertät.

Für Eltern und Erziehende beginnt die liebe Not dann schon am Morgen, weil die Heranwachsenden einfach nicht aus dem Bett zu kriegen sind. Dafür können die Kids nichts. Weil sich der Schlaf-Wach-Rhythmus im Zuge der Pubertät quasi nach hinten verschiebt. Sie schlafen später ein. Dürften sie, ihren veränderten Bedürfnissen entsprechend, am Morgen länger schlafen, gäbe es theoretisch kein Problem. Da die Schule, die Arbeit, die Ausbildung aber weiterhin im empfundenen Morgengrauen beginnt, bedeutet das für die jungen Menschen vor allem eines: Sie bekommen zu wenig Schlaf. Die Folgen permanenten Schlafmangels reichen von Müdigkeit über Konzentrationsdefizite bis zur für den gesamten Haushalt merkbaren üblen Laune. Studien, die sich mit dem Schlafbedürfnis von Teenagern befassen, zeigen darüber hinaus, dass Müdigkeitssignale am Abend umso stärker ignoriert werden, je älter die

Teenager sind. Das verschärft die Problematik zusätzlich. Das Schlafhormon Melatonin wird – wenn auch später als in Kindertagen – zwar ausgeschüttet und die Botschaft „müde" zugestellt, sie wird aber wie ein Brief, der nach einer letzten Mahnung aussieht, ignoriert. Die jungen Leute fallen dann zu guter Letzt zwar regelrecht um, weil sie so müde sind, sie schlafen aber in Summe zu wenig und befinden sich morgens aus hormoneller Sicht geradezu in einem Koma. An Wochenenden wird das besonders deutlich. Die jungen Menschen kriechen erst gegen Mittag aus ihren Höhlen. Meist sind sie dann auch nicht sehr gut gelaunt. Das sind aber sowieso die ganz normalen Freuden der Pubertät.

Smartphones machen munter

Ein Faktor, der das Schlafen noch weiter nach hinten verschiebt, ist der Gebrauch von Smartphones. Diese können bekanntermaßen auf vielerlei Weisen genutzt werden. Das ist einer der Gründe für ihren Erfolg. Gehen wir – optimistisch, wie wir sind – davon aus, dass sich die jungen Menschen am Abend, weil sie doch irgendwann müdigkeitsbedingt nicht mehr aufrecht stehen können, endlich ins Bett bewegen. Das passiert sicher nicht ohne ihr Handy. So müde können sie gar nicht sein. Endlich in den Federn, werden auf dem Gadget dann noch Videos geschaut, Spiele gespielt, Likes vergeben, Kommentare verfasst und es wird gechattet, was das Zeug hält. Telefoniert wird kaum. Das ist total oldschool. Nun müssen wir bedenken, dass nicht nur das Licht, sondern auch unsere Sozialkontakte unserer inneren Uhr Bescheid geben, was gerade angesagt ist. Also: finster, Abend, Ruhe, schlafen, aus. Oder: hell, Tag, soziale Kontakte, munter, an.

Hier summieren sich einige Faktoren, die das Schlafen verschieben. Dabei haben wir noch gar nicht die Dynamiken von Computerspielen oder die aktivierende Wirkung des Lichts der Bildschirme besprochen. Wir merken allerdings, dass wieder und wieder „on" signalisiert wird. Licht muss im Übrigen nicht einmal besonders hell sein, um die Freisetzung von Melatonin zu verzögern. Blaues Licht, das hat sich bereits herumgesprochen, hat den stärksten Effekt. Je mehr Zeit abends vor einem Bildschirm verbracht wird, umso größer wird das, was ich den „Teenager-Effekt“ nenne. Einige Hersteller:innen haben darauf mit technischen Lösungen reagiert. So gibt es auf einigen Geräten die Möglichkeit, eine „Nachtschicht“-Einstellung zu aktivieren. Der Hintergrund wird gedimmt und in ein helles Sepia getaucht. Ein optischer Retro-Effekt. Mir gefällt das. Vielen nicht. Darum nutzen sie diese Funktion nicht. Hier gilt wie fast überall: kein Like, keine Chance auf Anwendung.

Falls Sie schon aus dem Teenageralter raus sind, darf ich Sie darauf aufmerksam machen, dass ein E-Reader, auf dem Sie vielleicht genau dieses Buch lesen, auch ein Bildschirm ist. Ein Nachtschicht-Modus wäre hier ebenfalls zu empfehlen. Weil auch wir Großen sicherlich keinen verschobenen Tag-Nacht-Rhythmus, sondern unseren Schlaf brauchen. Das wissen wir. Wir gehen aber trotzdem noch nicht schlafen.

Bedtime Revenge Procrastination

Es ist spät. Der Tag war lang. Videokonferenzen, Besorgungen, Abrechnungen, der Haushalt, die Kinder, die Eltern, die Vorgesetzten, die Deadlines, die Welt ... Wir sind müde. Zeit fürs Bett. Schlafen, erholen, die Kraftreserven wieder auftanken für den nächsten Tag. Leider können wir uns weder einen Erholungs- noch einen Schlafvorrat anlegen. Trotzdem gehen wir nicht ins Bett. Es ist ja nicht so, dass uns nicht klar wäre, dass wir eine gewisse Menge an Schlaf brauchen, damit zum Beispiel unser Gehirn funktioniert, wie es soll. Schlaf hat bekanntermaßen Auswirkungen auf unsere Leistung (Eltern predigen das ihren Kindern spätestens ab der Pubertät jeden Tag) und auf unser Befinden (auch das ist Inhalt diverser Predigten). Wenn wir zu wenig schlafen, sind wir auch reizbarer. In der Nacht findet nämlich ein Reinigungsprozess statt, der eine gewisse Zeit dauert. Werden die Toxine, die untertags entstehen (das ist ganz normal, wir könnten vielleicht „Stoffwechselprodukte" dazu sagen), nicht ausreichend abgebaut, ist das eine Folge. Das hat auch Auswirkungen auf unseren Energiebedarf. Haben Sie vielleicht bemerkt, dass Sie, wenn Sie einmal schlecht oder zu wenig geschlafen haben, am nächsten Tag mehr Hunger haben? Schnelle Kohlenhydrate, also alles, was sehr schnell als Glukose (sprich Zucker) zur Verfügung steht, wird dabei bevorzugt. Es ist der (unbewusste) Versuch, den Mangel an Energie auf andere Weise als mit Schlaf auszugleichen. Kluger Mechanismus eigentlich. „Blöder Mechanismus", meint eine Freundin von mir, „da bin ich nicht nur müde, sondern werde auch noch fett!" Ich habe mir verkniffen noch eins draufzusetzen und zu dozieren, dass in Zeiten von Stress eine Süßigkeit unter Umständen so verarbeitet wird, als hätte sie bis zu 300 Kalorien mehr. Tut mir sehr leid, wenn du das jetzt liest, werte Freundin.

Es sprechen also viele Argumente dafür, früh ins Bett zu gehen. Auf der Suche nach Studien zur Bedtime Procrastination habe ich festgestellt, dass dazu bisher nicht viel veröffentlicht wurde. Endlich fand ich eine, die unter anderem zu dem Ergebnis kam, dass es positive Zusammenhänge zwischen dem rechtzeitigen Zu-Bett-Gehen, dem Wissen um die Bedeutung von Schlaf für die Gesundheit, etablierten Routinen, einer nicht zu spät eingenommenen Abendmahlzeit und weniger aufgeschobenem Schlaf gibt. Das hat mich an die Teenager-Problematik erinnert. Die Ergebnisse waren aber irgendwie unbefriedigend. Den Autor:innen dürfte es ähnlich gegangen sein, denn sie merkten an, dass das Thema Prokrastination komplex wäre (ist es auch) und weitere Forschungen dazu nötig wären. Keine Einwände.

Wenn man Studien zu Rate zieht, ist es immer wichtig, auf die Anzahl der Teilnehmer:innen zu achten. Bei dieser Studie waren es 446 Personen. Okay. Dann sieht man sich an, wie sich die Teilnehmenden soziodemografisch zusammensetzen. Also Alter, Geschlecht, Schulbildung, Wohnort und was sonst noch als für den Erkenntnisgewinn relevant erachtet werden kann. Besagte Untersuchung war mit Studierenden an einer Universität durchgeführt worden. Das erklärt meinen Teenager-Eindruck. Die Ergebnisse können also für die untersuchte Altersgruppe in ihrer spezifischen Situation (die Teilnehmenden lebten auf dem Universitätscampus) hilfreich sein. Was, wenn wir aber nicht mehr ganz so jung oder in einer anderen Lebenssituation sind, bereits viele gesundheitsförderliche Argumente kennen, nicht auf einem Campus wohnen und zu einer angemessenen Zeit zu Abend essen?

In Ermangelung befriedigender Studienergebnisse wandte ich mich an die gute alte Gesundheitsforschung, die in letzter Zeit auch von den Neurowissenschaften wiederentdeckt wurde. Was mich interessierte, war zunächst: Was machen wir Erwachsenen statt schlafen zu gehen überhaupt? Etwas Wichtiges? Etwas Schönes? Etwas Aufregendes? Manchmal. Meistens aber nicht. Wenn Sie jetzt ein Déjà-vu haben – mir ging es ebenso. Ich wurde an den Blickwinkel der Kinder auf die Erwachsenenwelt erinnert.

Wofür schieben wir das Schlafengehen also auf? Am ehesten hängen wir vor einem Bildschirm oder auf dem Sofa ab. Beim Fernsehen. Oder bei einer gestreamten Folge einer Serie nach der anderen. Hollywood und Co. machen uns mit dem Zeigarnik-Effekt, der jetzt Cliffhanger heißt, das Binge-Watching sehr leicht. Ist Ihnen aufgefallen, dass wir mittlerweile gar nicht mehr auf „Nächste Folge abspielen" drücken müssen? Wir müssen vielmehr eine Aktion setzten, um das zu verhindern. Es wird uns also auch technisch einfach gemacht, hängen zu bleiben. Herzlichen Dank aber auch!

Manche gehen abends in den Weiten des Internets verloren. Es bietet ja nicht nur über die sozialen Medien im wahrsten Sinne des Wortes unendliche Möglichkeiten. Einige lesen auch länger als geplant ein spannendes Buch oder hören Musik bis spät in die Nacht. Das klingt alles nicht nach Vendetta. Wieso heißt es dann so theatralisch „Bedtime Revenge“? An wem wollen wir denn Rache nehmen, oder, weniger drastisch: Wofür wollen wir uns eigentlich revanchieren?

Kohärenz – Bedürfnisse in Balance

Werfen wir also den bereits angekündigten Blick auf die Gesundheitsforschung. Hier interessiert uns das Konzept der Salutogenese von Aaron Antonovsky, das von der Neurobiologie, allen voran von Gerald Hüther, wiederentdeckt wurde. Bereits in den 1970ern, im Zuge seiner Stressforschung, hat sich Antonovsky interessanterweise nicht damit beschäftigt, was den Menschen krank macht, sondern damit, was ihn gesund erhält. Was wäre das? Laut Untersuchungslage etwas sehr Subjektives: Kohärenzgefühl. Dieses können wir als tiefe innere Zufriedenheit mit uns selbst, den Menschen um uns und dem ganzen Rundherum verstehen. Im Zustand der absoluten Kohärenz hätten wir keine ungestillten Bedürfnisse, wären im Gleichgewicht mit uns und der Welt. Diesen Zustand streben wir an und auch unser Gehirn findet das gut, weil es weniger Energie verbraucht, je näher wir diesem Zustand sind. Wir erreichen ihn aber nicht immer. Das ist normal. Wir sind lebendige Wesen. Wir haben Probleme, sind mit Ungemach konfrontiert, müssen auf Herausforderungen reagieren, schlicht: müssen unseren Alltag bewältigen. Daher sind wir nicht stets und stabil in unserem Gleichgewicht. Da macht nichts. Wir müssen es einfach immer wieder herstellen. Und darauf vertrauen, dass wir das können. Hüther, das finde ich sehr klug, plädiert in logischer Folge dafür, das Kohärenzgefühl eher „Kohärenz-Wiederherstellungs-Kompetenz-Gefühl" zu nennen. Dieses Wortmonster zeigt eigentlich gut auf, dass es voranging nicht um das Erreichen eines statischen Zustands geht, sondern vielmehr um die Fähigkeit, immer wieder unser Gleichgewicht herzustellen und, wenn im Ungleichgewicht, auf uns selbst vertrauend wieder dorthin zurückzukehren.

Falls ich Ihr Interesse an Kohärenz ausreichend geweckt habe, darf ich Ihnen noch verraten, was wir benötigen, um diese zu erreichen. Laut Antonovsky sind dazu drei Prinzipien von Bedeutung: Verstehbarkeit,

Bewältigbarkeit und Sinnhaftigkeit. Wenn wir also verstehen, was in unserer Lebenswelt geschieht (Verstehbarkeit), in der Lage sind, damit gut umzugehen (Bewältigbarkeit), und das auch noch als sinnhaft erleben (Sinnhaftigkeit), dann haben wir alle Voraussetzungen, um in unser Gleichgewicht und damit in den Zustand innerer Zufriedenheit zu gelangen. Das ist mit „Bedürfnissen in Balance" gemeint.

Selbstbestimmtheit

Viele Klient:innen erleben nicht zuletzt aufgrund ihrer Reflektiertheit weniger einen Mangel an Verstehbarkeit als einen an Bewältigbarkeit. Diese ist mit Begriffen wie Gestaltbarkeit, Autonomie und Selbstbestimmung verwandt. Wenn unsere Tage mit vielen Terminen, Pflichten, Aufgaben und ständigem Druck gefüllt sind, bleibt wenig Platz für das Erleben von Selbstbestimmtheit. Das brauchen wir aber. Das Bedürfnis nach weniger Fremd- und mehr Selbstbestimmung registrieren wir tagsüber vielleicht gar nicht – wenn doch, ignorieren wir es möglicherweise. Dafür meldet es sich eventuell am Abend, wenn es ein bisschen ruhiger um uns wird. Obwohl auch das in unserer digitalisierten Arbeitswelt mit all ihren Vorteilen seltener wird. Vor allem die ständige Erreichbarkeit verlagert die Arbeitszeit an den Tagesrand und verwässert so die Grenze zwischen selbst und nicht selbst bestimmbarer Zeit.

Weil sich das Erleben von Autonomie, das wir für unser Gleichgewicht brauchen, nicht anders einstellt, schieben wir unsere Bedtime auf. Wir rächen uns demnach an unseren Vorgesetzten, Pflichten, Deadlines, E-Mails und Verbindlichkeiten, in Summe an der Fremdbestimmtheit per se. Laut aktueller Forschung tritt Revenge Bedtime Procrastination am häufigsten bei Eltern, Schichtarbeiter:innen und Menschen, die Jobs mit einem hohen Stresslevel haben, auf. Nachvollziehbar. Die Corona-Pandemie hat im Übrigen viele von uns bewusster auf unseren Schlaf und unsere Schlafmuster blicken lassen, mit der Erkenntnis, dass wir das Bedürfnis haben, uns abends etwas Zeit zurückzuholen. Es ist – das sei noch einmal explizit festgehalten – dann nicht so, dass wir nicht schlafen könnten. Wir schieben den Zeitpunkt des Schlafengehens einfach auf.

Es ist wahrscheinlich nicht Rache, sondern der Mangel an dem, was uns in unser Gleichgewicht bringt. Was und wie viel davon das ist, ist sehr individuell. Manchmal sind es Kleinigkeiten, wie zum Beispiel zum Lieblingssong in voller Lautstärke zu tanzen und zu singen oder dem Bedürfnis nachzugeben, mit einer Freundin Kontakt aufzunehmen, um ein Ärgernis oder ein schönes Erlebnis zu teilen. Oft brauchen wir einfach ein Time-out (auf „Oldschool" heißt das „Ruhe" oder „Pause"). Das nehmen wir uns aber nicht. Die Folge? Ungleichgewicht.

Anstatt uns die mangelnde Selbstbestimmtheit am Abend auf Kosten des wichtigen Schlafs zurückzuholen, könnten wir auch tagsüber und bewusst danach Ausschau halten. Die Umsetzungen hierfür sind so vielfältig wie die Menschen, mit denen ich arbeite oder freundschaftlich verbunden bin. Ein Leiter eines Unternehmens beispielsweise trägt sich regelmäßig „Me-Time" im Kalender ein und geht dann seine Runde „Gassi" – seine Formulierung, nicht meine. Entweder durch das Gebäude, in dem er arbeitet, oder hinaus auf einen kurzen Spaziergang. Eine Freundin ist mittlerweile bekannt dafür, dass sie einmal in der Woche (immer am Mittwoch) ab 19 Uhr einfach nicht erreichbar ist. Was, wenn es „brennt"? Dafür hat sie ein altes Handy reaktiviert. Ihre E-Mail-Accounts sind offline und ihr reguläres Smartphone ist auf Flugmodus geschaltet. Freund:innen und Familie waren zunächst irritiert. Dann hat der „ruhige Mittwoch" aber seine Kreise gezogen, weil sich ihm der eine und die andere angeschlossen haben. Eine „Ruhiger-Mittwoch-Abend-Gesellschaft" ist entstanden. Einer Klientin fehlte aufgrund des hektischen Tagesablaufs der Kontakt zu ihren Freund:innen und ihrer Familie. Am Abend war sie zu müde, um sich zu verabreden oder manchmal auch, um zu telefonieren, aber sie scrollte sich lange durch die sozialen Medien. Nun versendet sie an ihre Freund:innen und

Familie tagsüber Schnappschüsse und Emojis. Es kommen kurze Rückmeldungen oder Emojis zurück, von den Menschen, mit denen sie wirklich in Verbindung sein möchte. Sie plant mittlerweile auch bewusst längere „Familien- & Freundezeiten“ ein. In einer Dosis, die sie sich mit ihren Lieben ausmacht.

Das sind einige Beispiele dafür, wie die Erfüllung unterschiedlicher Bedürfnisse Platz im Alltag finden kann. Sie muss aber zum jeweiligen Alltag passen. Eine Abteilungsleiterin hat mit ihren Vorgesetzten und Mitarbeiter:innen ausgemacht, dass alle 50 Minuten ein Schulglockensound auf den Rechnern ertönt und dann 10 Minuten Pause angesagt sind. Ich habe das im Rahmen eines Vortrags, den ich in diesem Unternehmen gehalten habe, live erlebt. Weil Sie ja nun schon wissen, wie unser Gehirn in Situationen reagiert, die es schon einmal erfahren und als positiv abgespeichert hat, wird es Sie nicht verwundern, dass das Läuten von allen Seiten mit „Juhu, Pause!“ begrüßt wurde. Dazu ist anzumerken, dass das Unternehmen in der Kreativbranche ist und sowohl einen Tischtennistisch als auch einen Tischfußballkicker hat. Es geht in der Pause also wirklich zu wie auf dem Schulhof. Danach wird es wieder seriös. Bis die Glocke wieder läutet. In diesem Betrieb funktioniert das gut. In anderen Branchen käme man eher aus dem als ins Gleichgewicht.

Me-Time, Offline-Modus, Gassigehen, Pausen, Musik – schön, wenn das Kohärenzgefühl gefüttert wird. Die Lösung muss aber zum Bedürfnis passen. Die Dosis auch.

Kohärenz-Check

Wir brauchen auch Zeit und Raum, um unsere Bedürfnisse wahrzunehmen. Wenn es gar nicht so leicht ist, diese – vor allem bei Tageslicht – wahrzunehmen, erweist sich eine dafür definierte Auszeit als sehr hilfreich. Diese können wir mit einem salutogenetischen Selbst-Check verbringen. Frei nach Antonovsky können wir in dieser uns selbst gewidmeten Zeit die drei salutgenetischen Faktoren durchgehen. Wir können uns fragen,

1) ob wir noch etwas brauchen, um das subjektive Gefühl der Verstehbarkeit zu empfinden.

2) Wenn wir das, was rund um uns und mit uns passiert, schon gut verstehen, brauchen wir eventuell ein Mehr für unser Erleben der Gestaltbarkeit?

3) Wenn wir bereits verstehen, umsetzen und gestalten, empfinden wird das auch als sinnvoll?

Das Schöne am Fragenstellen ist, dass sich Antworten einstellen. Die eigenen. Manchmal dauert es ein bisschen und es kann sich anfühlen, wie wenn ein Hund an einem Knochen herumkaut. Aber so wie der Hund irgendwann zum Inneren des Knochens vordringt, können wir die höchst individuellen Antworten auf die Fragen nach unseren Bedürfnissen finden. Das ist machbar.

Es steht uns dabei frei, nicht nur nachts, sondern auch am Tag und sowieso immer mit uns in Kontakt zu sein und uns dafür Raum und Zeit zu nehmen. Guten Tag! Gute Nacht!

Neuroplastizität – das entwicklungsfreudige Gehirn

Sie haben sich im Laufe dieses Buches auf Versuche eingelassen, sich durch Studien gearbeitet und eigene Überlegungen angestellt. Einiges an Erkenntnissen dürfte Ihnen mittlerweile sehr vertraut sein. Wie zum Beispiel, dass unser Gehirn gern in der Automatik läuft. Jenseits des Autopilot:innen-Modus wird es ein bisschen störrisch. Sie erinnern sich: Unser Management ist schuld. Das arbeitet lieber mit bereits vorhandenen Erfahrungen. Wegen des Energiesparens und so. Ja, ja, wissen wir. Schön, dass Sie dem zustimmen können. Das oftmalige Dargeboten-Bekommen dieser Informationen, Ihr wiederholtes Nachdenken darüber und das praktische Ausprobieren haben sich ausgezahlt. Sie haben Verbindungen hergestellt, Sie haben Know-how generiert. Ihr Gehirn hat sich im Zuge dessen im Übrigen verändert. Was zunächst eine kleine Schneise in einem unbekannten Gebiet war, haben Sie zu einem gemütlichen Spazierweg ausgebaut. Daher sind Sie mit gar nicht so leicht verdaulichen Inhalten mittlerweile auf Du und Du. Weil Ihr Gehirn neuroplastisch ist. Neuro-was? „Neuroplastisch, Frau Kollegin!“, höre ich die Stimme meines ehemaligen Neuropsychologie-Professors in meinem Kopf. Auch wenn er das so nie gesagt hat.

Neuroplastizität – je öfter, umso leichter

Neurowissenschaftliche Ansätze in der Psychologie konnten mich während meines Studiums im Gegensatz zu heute nicht begeistern. Das lag womöglich daran, dass die Materie recht komplex war (ist sie immer noch) und der Umfang des Lernstoffes enorm (der ist auch nicht weniger geworden). Dazu kommt, dass es im „AudiMax“, dem Auditorium Maximum, dem größten Hörsaal der Universität Wien, damals sehr schummrig war. Die Vorlesungen zur Neuropsychologie fanden spät am Abend statt. Im Wintersemester kamen wir aus der Kälte in den überheizten Saal und bauten uns auf unseren harten Bänken ein Nest aus dicken Mänteln und weichen Schals. Der vortragende Herr Professor hatte eine angenehm sonore Erzählstimme. Nicht wenige von uns sind in dieser Vorlesung regelmäßig eingenickt. Schnarchen aus diversen Ecken inklusive. (Bitte nicht weitersagen! Der Herr Professor ist nämlich eine Koryphäe auf seinem Gebiet und ein reizender Mensch dazu.) Wahrscheinlich hat mein Gehirn diese Erfahrungen zusammen abgespeichert und mit dem Etikett „umfangreich, unverständlich, einschläfernd“ versehen.

Wir haben damals noch gelernt – so meine fallweisen Schläfchen keine Lücken in meiner Erinnerung hinterlassen haben –, dass das Hirn sich eine Weile lang entwickelt, mit Eintritt ins Erwachsenenleben quasi fertig ist und mehr oder weniger so bleibt. Von da an geht es nur noch bergab. Eine Art Betongehirn, dessen Bestandteile im Verlauf des Alterungsprozesses auch noch quasi wegbröseln. Keine schöne Vorstellung. Kein Wunder, dass bei mir keine Begeisterung für die Materie aufkam. Zum Glück wissen wir heute, dass unser Gehirn neuroplastisch ist. Das heißt, dass unser Gehirn bis zum Ende unserer Tage veränderbar bleibt, dass es sich entwickelt und formt. Das, wofür wir es oft verwenden, kann es gut. Wir brauchen für ein eingeübtes Verhalten immer weniger Energie, es fällt uns immer leichter, es geht immer schneller. Das kennen Sie ja schon. Dabei ist es unserem Gehirn bis zu einem gewissen Grad egal, wofür wir es nutzen. Es entwickelt und formt sich nur dementsprechend. Das gilt für eine Fremdsprache, ein Musikinstrument, Stricken, Lesen, Fahrradfahren, Konzentration oder Ablenkung. Wenn ein Gehirn beispielsweise oft dafür verwendet wird, jedem Impuls, jedem Reiz, jedem Affekt nachzugeben, haben wir am Ende ein Gehirn, das das sehr gut kann. Es ist dann großartig in unmittelbarer Bedürfnisbefriedigung und Ablenkbarkeit. Was es nicht gut kann, weil es die Erfahrung nicht gemacht, nicht oft genug und erfolgreich wiederholt hat, ist, Impulse im

Zaum zu halten beziehungsweise damit routiniert umzugehen und ein Verhalten an den Tag zu legen, das konsequent zu einem Ziel führt. Es ist zu dem und gut in dem geworden, wofür wir es vorrangig genutzt haben. Nicht mehr, nicht weniger.

Oft werden Bilder gesucht, mit denen man die Funktionsweise unseres Gehirns beschreiben kann. Sämtliche Metaphern, die in Richtung Maschine oder Computer gehen, sind falsch. Das kann ich nicht freundlicher ausdrücken. Weil sie etwa das Prinzip der Neuroplastizität nicht erfassen. Mir gefällt der Erklärungsansatz von Dick Swaab, dem Autor von einem meiner neurowissenschaftlichen Lieblingswälzer, der bei mir hängengeblieben ist, weil er einen Vergleich macht, bei dem Schuhe eine Rolle spielen. In Anlehnung an sein Beispiel stellen wir uns vor, wir ziehen nach Australien. Wir wohnen in unmittelbarer Strandnähe, wo wir auch die meiste Zeit verbringen. Strohhut, Flipflops und Sonnenbrille gehören zu unserer täglichen Standardausrüstung. Weil wir diese Dinge sehr oft verwenden, legen wir sie natürlich dorthin, wo wir sie schnell zur Hand haben. Wollmütze, Schneestiefel und Kälteschutzsalbe wandern im Schrank ganz nach hinten. Bis die Motten Löcher in die Mütze fressen, die Stiefel brüchig werden und die Salbe eintrocknet. Wohingegen Strohhut, Flipflops und Sonnenbrille stets top in Schuss sind. Auch von unserem Gehirn wird das, was oft verwendet wird, bestens gewartet. Keine Sorge, die Stiefel können noch verwendet werden. Aber wir müssen im Schrank suchen, bis wir sie wiederfinden, sie entstauben und Reparaturarbeiten daran vornehmen. Das dauert, ist lästig und mühsam. Aber immerhin wissen wir noch eine ganze Weile, wo die Stiefel sind. Je seltener wir sie allerdings verwenden, umso schwieriger wird es, sie hervorzukramen, und schließlich finden wir sie gar nicht mehr. *Use it or lose it!* – das ist eine zentrale Erkenntnis der Neurowissenschaften. Wenn wir beispielsweise eine Fremdsprache gelernt haben, sie aber nicht oft anwenden, verblasst unser aktiver Wortschatz. Wenn wir dann ein paar Tage nichts anderes als diese Sprache sprechen (müssen), blüht unser Wissen wieder auf.

Lassen Sie uns vor dem Hintergrund dieser Bilder gemeinsam überlegen: Was passiert, wenn wir vor einer Aufgabe stehen, für die unsere leicht zugänglichen Tools nicht geeignet sind? Was, wenn es für das Erreichen unserer Ziele nicht weiterhilft, Impulsen, Ablenkungen und Affekten unmittelbar nachzugeben? Das ist der Fall, wenn wir in der Gegenwart Energie investieren müssen und die Belohnung dafür nicht gleich kommt, sondern in der näheren oder ferneren Zukunft liegt. Das ist beim Bügeln ebenso der Fall wie beim Putzen, Schreibtischaufräumen, bei der Steuererklärung, beim Vereinbaren eines Arzttermins oder beim Lernen für eine Prüfung.

Wir brauchen andere Fähigkeiten, damit wir zum Beispiel auf den werten vier Buchstaben sitzen bleiben und im Skriptum schmökern, statt auf eine Party zu gehen oder einen Serienmarathon hinzulegen. Statt der Aufgabe (das Skriptum durcharbeiten) sollten wir die Belohnung aufschieben. Das ist ein Pilot:innen-Job. Das merken wir – wie wir schon im Kapitel mit den Prozentrechnungen (siehe Seite 52) festgestellt haben – an unserer Stimmung. Der Stimmungswechsel kündigt uns gewissermaßen das Bevorstehen eines erhöhten Energieverbrauchs an. Unsere Pilot:innen verbrauchen mehr Treibstoff als die Autopilot:innen, vor allem wenn sie nicht gut trainiert sind. Wir müssen uns Fähigkeiten, wie unmittelbaren Belohnungen zu widerstehen, aneignen. Das ist zunächst ein etwas zäher Prozess, aber machbar. Das belegen zahlreiche Studien. Viele davon haben ihren Ausgangspunkt beim berühmten „Marshmallow-Test", der uns sozusagen Einblicke in den Werdegang von Pilot:innen gibt. Beginnend bei den Kleinen.

Selbstkontrolle und Versuchungen

Es war einmal ein neugieriger Psychologe namens Walter Mischel, der in den 1960ern eigentlich nur herausfinden wollte, wie Kinder mit einer Versuchung umgehen und wie sie es anstellen, ihr zu widerstehen. Letzten Endes hat er einen wesentlichen Grundstein zur Erforschung von Selbstkontrolle gelegt.

Sie müssen sich nicht durch Studien arbeiten, um nachvollziehen zu können, wie es einem Vorschulkind geht, das ein Stück pastellfarbiger Zuckerverführung in Form eines Marshmallows vor sich liegen hat und entscheiden soll, ob es dieses Stück sofort essen oder 20 Minuten warten möchte, um dann zwei Marshmallows vernaschen zu dürfen. Es müssen auch nicht immer Marshmallows sein. Sie sind zwar Namensgeber, aber die kleinen Proband:innen dürfen bei diesen Experimenten aus einem breiten Angebot von Süßigkeiten wählen. Die Art der süßen Versuchung ist nicht von Belang. Es gibt sie. Und es gibt zwei Wahlmöglichkeiten: entweder dem unmittelbaren Impuls und der sofortigen Bedürfnisbefriedigung nachzugeben oder der Verlockung zugunsten einer späteren größeren Belohnung zu widerstehen.

Wichtig zu erwähnen ist noch, dass die Versuchsleiter:innen, bevor es eigentlich losgeht, sich darum bemühen, eine Beziehung zu den Proband:innen aufzubauen. Es wird gemeinsam gespielt. Die Versuchsleiter:innen erklären den Kindern, die im Übrigen einzeln getestet werden, geduldig, was im Experiment auf sie zukommt. Sie vergleichen es mit einer Art Spiel, bei dem der:die Versuchsleiter:in den Raum für maximal 20 Minuten verlässt, in denen das Kind der süßen Versuchung dann allein ausgesetzt ist. Maximal deshalb, weil der:die Versuchsleiter:in jederzeit mit einer Glocke zurückgeholt werden kann. Das wird mehrmals ausprobiert. So lange, bis die Kinder die Erfahrung gemacht haben, dass der:die Erwachsene zurückkommt, wenn sie mit der Glocke läuten. Klar ist aber auch, dass es zwei Süßigkeiten ausschließlich dann gibt, wenn die ganzen 20 Minuten durchgehalten werden.

Umfeld und Durchhaltevermögen

Zwei Versuchsbedingungen sind auch spannend. In einer Variante befinden sich auf dem Tischchen, an dem das Kind sitzt, die Glocke und zwei Kekse: eines in der linken und eines in der rechten Ecke. In der anderen Variante sind die Kekse abgedeckt. Die Kinder wissen natürlich, dass die Kekse da sind, sie können oder müssen sie aber nicht sehen. Sie dürfen raten, welche Versuchsbedingung das Durchhaltevermögen mehr auf die Probe stellt. Ihre mit Sicherheit richtige Einschätzung können wir gleich als Erkenntnis mit in unseren Alltag nehmen: Wir können unsere Umgebung so gestalten, dass sie unser Durchhalten mehr oder weniger unterstützt.

Beim Wunsch, ein Ziel zu erreichen, eine Aufgabe zu erledigen, setzen wir oft ausschließlich auf unsere innere Stärke, gegen die es eigentlich nichts einzuwenden gibt. Wir vernachlässigen aber bisweilen, dass wir unsere Umgebungsbedingungen nutzen können. Wie ein Klient von mir, der für seine Abschlussprüfung schließlich nicht auf seinem Schreibtisch mit Computer, drei Bildschirmen und Spielkonsole, sondern auf einem kleinen Tisch in der Küche mit nichts weiter als seinen Unterlagen lernte. Das Smartphone war im Flugmodus im Nebenzimmer. Das ist eine handfeste, sehr konsequente Gestaltung der Lernumgebung. Die Ablenkungsmöglichkeiten sind drastisch reduziert. Das wirkt sich positiv auf das Energiebudget aus, weil weniger Impulse in Schach gehalten werden müssen. So musste der Klient nicht entscheiden, ob er auf eine Nachricht antworten oder eine Stunde mit anderen Gamern spielen sollte oder nicht. Diese vielen kleinen Entscheidungen hat er sich abgenommen – die Energiefresser wurden einfach entfernt. Bravo!

Eine andere Klientin musste – wie viele von uns – vorübergehend die Küche zum Homeoffice umfunktionieren. Die restlichen Familienmitglieder machten die Herausforderung des konzentrierten Arbeitens noch größer, da sie vermeinten, die Klientin wäre, weil ja physisch anwesend, stets und immer ansprechbar. Aus einer Aufgabe herausgerissen zu werden schlägt sich negativ auf das Energiebudget nieder. Wie beim Motor eines Autos, der „abgewürgt" wird, braucht man eine Weile, bis man wieder in die Gänge kommt. Auf der Suche der Klientin nach einem praktikablen Umgang mit den ständigen Unterbrechungen einigte sich der gesamte Haushalt schließlich auf eine simple, aber wirkungsvolle Lösung. Auf die Küchentür wurde entweder ein grüner Zettel mit der Aufschrift „Jetzt geht's" oder ein mit „Im Büro" beschrifteter roter Zettel angebracht. Abgesehen davon, dass die Farben gut gewählt waren, weil die meisten von uns Grün mit „Go" und Rot mit „Stopp" verbinden, war auch die Wortwahl gut überlegt. „Im Büro" vermittelt, dass die Klientin nicht da ist. Geistig zumindest. Es dauerte weniger lange als erwartet, bis sich alle an das Übereinkommen hielten. Das konsequente Durchsetzen des gemeinsam aufgestellten Regelwerks trug maßgeblich zum Erfolg bei.

Es kann auch die Gestaltung des sozialen Umfeldes sein, die einen erwünschten Unterschied bringt. Wenn sich beispielsweise Studierende einer Lerngruppe anschließen, für deren Mitglieder es ganz normal ist, Seminararbeiten rechtzeitig fertigzustellen und am Tag vor einer Prüfung sicher keine Party zu besuchen, fällt den „Neuen" dieses Verhalten ebenfalls leichter. Sie umgeben sich mit Menschen, die ein Verhalten an den Tag legen, das sie auch anstreben. Bis es ihnen in Fleisch und Blut übergegangen ist. Sie modulieren ihr Verhalten über die Gestaltung ihres sozialen Umfelds. Das ist ein Ansatz, der gut funktioniert. Viele Studierende schreiben ihre Seminararbeiten im Übrigen nicht gerne allein zu Hause, sondern lieber in Bibliotheken. Da herrscht Ruhe, aber man sitzt gemeinsam mit anderen an der Arbeit und ist in einer konzertierten

Atmosphäre nicht „das einzige arme Schwein" – so die Worte einer Studierenden.

Pilot:innen im Stresstest

Zurück zu unseren kleinen Proband:innen und den süßen Versuchungen. Es gibt steinerweichende Videoaufnahmen, in denen die Kleinen darum kämpfen, der gegenwärtigen Belohnung zugunsten der zwei späteren Belohnungen zu widerstehen. Interessant sind auch die Strategien, die sie wählen, um ihr Ziel (Durchhalten für zwei Naschereien) zu erreichen. Manch eine:r nimmt die Süßigkeit vor sich so intensiv ins Visier, als gälte es, diese in Hypnose zu versetzen, andere versuchen sich Mut zu machen, indem sie sich selbst gut zureden („Ich schaffe das!"), andere geben sich laut und deutlich den simplen Befehl „Nein!" und wieder andere lenken sich ab, indem sie mit ihrem Stühlchen schaukeln oder die Decke anstarren. Es ist der ultimative Stresstest für ihre Impulskontrolle. Nicht alle meistern ihn. Wenn doch, kommt es auch für die Beobachtenden einer Belohnung gleich, zu sehen, wie selig die Kinder nach 20 Minuten ihre zwei Marshmallows regelrecht inhalieren.

Wir sind uns vermutlich einig, dass es eine Herausforderung darstellt, Versuchungen zu widerstehen, die eine schnelle Belohnung versprechen. Auch für uns Erwachsene. Vor allem, wenn wir diesbezüglich relativ untrainiert sind. Wenn uns allerdings von klein auf ein Workout unter freundlicher und geduldiger Anleitung für unser langsames System zuteilwird, profitieren wir mit großer Wahrscheinlichkeit ein Leben lang davon. Das belegen die Langzeitstudien, an denen die Beteiligten des originalen Marshmallow-Tests teilnahmen. Die Personen, die schon bei den Tests als Vorschulkinder in den 1960ern auf ihre Belohnung warten konnten, zeigten auch als Jugendliche mehr Selbstkontrolle, konnten sich besser konzentrieren, waren zielstrebiger und bei Rückschlägen weniger frustriert. Im Erwachsenenalter waren sie immer noch besser darin, langfristige Ziele zu verfolgen. Als die Teilnehmenden um die 40 Jahre alt waren, wurde es mithilfe neuer technologischer Entwicklungen möglich, via Hirnscanner quasi direkt in ihre Köpfe zu sehen. Das Gehirnareal, das für effektives Problemlösen und die Kontrolle impulsiven Verhaltens zuständig ist – der Sitz der Pilot:innen –, war sichtbar im Einsatz. Wohingegen bei den schlechten Belohungsaufschieber:innen die Region aktiver war, die mit Lust, Sucht und Verlangen assoziiert ist. Wenn Sie gerade das Gefühl einer Werbeeinschaltung für das Training von kleinen Pilot:innen beschleicht, haben Sie dieses völlig zurecht. Weil es erwiesenermaßen positive Langzeitfolgen hat, wenn Selbstkontrolle bereits in Kindertagen erlernt wird. Aber keine Sorge, auch wenn wir erst in späteren Jahren damit anfangen, unsere Pilot:innen auszubilden: Selbstkontrolle können wir uns in allen Altersstufen aneignen. Sie erinnern sich: Unser Gehirn ist erfreulicherweise neuroplastisch.

Vertrauen ist wichtig

Es ist eine Weile her, dass ich von meinem Lieblingsonkel meine ersten Buntstifte in einer quadratischen Blechschatulle geschenkt bekam. Die vielen Farben, der umwerfend ölig-holzige Geruch, das sanfte Klicken des Metalldeckels – das war Glück pur! Kinder aller Generationen finden neue Zeichenstifte toll. Mit angeknabberten, stumpfen Stiften kann man zur Not zwar auch kreativ werden, aber das ist natürlich kein Vergleich. Diesen Umstand nutzend, entwickelte eine amerikanische Kollegin in den 2010er-Jahren eine Zusatzbedingung zum klassischen Marshmallow-Test.

Bevor es daran ging, einer süßen Versuchung zu widerstehen, durften die 3½ Jahre alten Kinder (wiederum einzeln) in Anwesenheit einer freundlichen Versuchsleiterin ein bisschen malen. Papier und stark abgenutzte Buntstifte fanden sie zu diesem Zweck auf ihrem Tischchen. Herumkritzeln auf frischem Papier ist fein, Stiftstummel sind das eher weniger. Aber besser als nichts. Irgendwann hatte die Versuchsleiterin einen vermeintlichen Geistesblitz und „erinnerte“ sich, dass sie in einem Nebenraum noch funkelnagelneue Stifte hätte. Sie fragte die Kinder, ob sie diese schnell holen sollte. Wie die Antworten ausfielen, können Sie sich vorstellen. In einer Versuchsbedingung kam die Versuchsleiterin dann tatsächlich mit den versprochenen Stiften zurück. In der anderen verließ sie den Raum, um bei ihrer Rückkehr bedauernd festzustellen, dass sie sich leider geirrt hätte. Keine neuen Stifte. Es täte ihr sehr leid. Dann wurde den Kindern in beiden Versuchsbedingungen noch ein wenig Zeit gegeben, um zu malen. Einmal mit neuen, einmal mit abgenutzten Stiften. Erst dann folgte der eigentliche Test. Das interessante Ergebnis: Die Kinder, deren Erwartungen enttäuscht worden waren, hielten im Schnitt weniger lange durch, der vor ihnen liegenden Süßigkeit zu widerstehen.

Wenn ich diese Zusatzbedingung gegenüber Erziehenden, Eltern und Pädagog:innen erwähne, regnet es Aha-Effekte. Natürlich ist ihnen die Wichtigkeit zuverlässiger Bezugspersonen und vertrauensvoller Beziehungen für die Entwicklung eines Kindes bewusst. Oftmals sind Studienergebnisse bekannt, die aufzeigen, dass negative Erfahrungen mit primären Bezugspersonen ebensolche Effekte haben können.

Die „Ahas“ betreffen den Zusammenhang von Vertrauen und Selbstkontrolle. Es ist ohnedies schon schwer genug, Versuchungen widerstehen, Impulse kontrollieren und Belohnungen aufschieben zu lernen.

Erwachsene können aber mit freundlicher, geduldiger Anleitung und zuverlässigem Verhalten unterstützend auf diesen Prozess einwirken. Ein gebrochenes Versprechen wirkt wie eine eiskalte Dusche. Wohingegen zuverlässiges Verhalten – im wahrsten Sinne des Wortes – ein Energiespender ist, was sich nachweislich auf das Durchhaltevermögen auswirkt. Positiv.

Heiße Verführung und mentale Kühlung

Der Marshmallow-Test wurde ursprünglich entwickelt, um herauszufinden, wie Kinder es schaffen, einer Versuchung zu widerstehen. Erfolgreiche Belohnungsaufschieber:innen haben dabei mitunter Strategien an den Tag gelegt, mit denen sie den „heißen" Charakter einer Versuchung „gekühlt" haben.

Was ist damit gemeint? Die Unterscheidung zwischen einem heißen und einem kalten Fokus gibt es in der Psychologie schon lange. Ein Reiz, wie in unserem Fall ein Marshmallow, verfügt einerseits über verlockende, „heiße" Eigenschaften (süß, weich, duftend). Diese heißen Eigenschaften lösen eine schnelle, unbewusste „Go!"-Reaktion aus. Sie erkennen hier das automatische System bei der Arbeit wieder. So ein Marshmallow, wie im Übrigen jeder andere Reiz auch, kann aber andererseits auch „kalt" dargestellt werden (rund, rosa, zum Verzehr geeignet, 333 Kalorien auf 100 Gramm), was sich bremsend auf das „Go!" auswirkt. Die Pilot:innen schalten sich zu. Sie merken sicherlich, welche Kategorie von Eigenschaften einen Reiz verlockender macht und welche weniger. Sehr deutlich wurde das auch, als man die Kinder vor einem Test dazu anleitete, sich auf die kühlen Merkmale ihrer Versuchung zu konzentrieren. Sie sollten sich die Marshmallows beispielsweise als Wolken vorstellen. Sie hielten in der Folge doppelt so lange durch, als wenn sie ihre Aufmerksamkeit auf die heißen Eigenschaften der Belohnung lenkten. Weil: „Wolken kann man nicht essen" – logisch, oder?

Unter dem Strich können wir sagen, dass eine Versuchung mental umgeschrieben wird: Sie wird anders (kühl) bewertet und dementsprechend fällt auch das Verhalten (Belohnung aufschieben können) anders aus. Das können unsere Pilot:innen. Das Training dafür kann gar nicht früh genug anfangen. Kreativität ist dabei nicht verboten. Das war wieder eine Werbeeinschaltung. Weil Sie ja wissen, dass so eine Werbeeinschaltung ein paar Mal wiederholt werden muss, bis sie greift.

Auch wir Erwachsene dürfen im Übrigen so viel Kreativität an den Tag legen, wie wir wollen, um aus heißen Verführungen kühle Bewertungen zu machen. Die Folge: Impulsen wird nicht unmittelbar nachgegeben, Ablenkungen werden ausgebremst.

Ich habe Ihnen zur Anregung ein paar besondere Beispiele von meinen Klient:innen mitgebracht, die das Abkühlen auf die Spitze getrieben haben:

Versuchung	**„Abkühlung“**
Smartphone	elektronischer Störenfried mit Ausschalttaste
Schokotorte	schwer verdaulicher brauner Fettziegel
Pizza	Wagenrad mit Asche
Serie (Romantikkomödie)	handelt auch wieder nur von zwei Menschen, die bis zum unausweichlichen Happy End ewig nichts auf die Reihe kriegen
Party	Kopfwehveranstaltung

Verstehen Sie das bitte nicht als Vorlage, sondern eher als Beispiel für den Einsatz von Humor in der Psychologie. Sie können darüber nachdenken, welche der beiden Spalten bei Ihnen eher ein „Go!“ auslöst. Wobei das erste Beispiel so formuliert ist, dass die Versuchung groß ist, den Störenfried gleich einmal ruhigzustellen. Halten wir abschließend fest, dass die Anziehungskraft eines Reizes in der mentalen Bewertung liegt, die wir vornehmen: andere Bewertung, anderes Erleben, anderes Verhalten. Das können unsere Pilot:innen. Abkühlen. Cool.

Anstrengung und Radieschen

Es gibt keine Selbstkontrolle ohne ein gewisses Maß an Anstrengung respektive Energieverbrauch. Mit gut ausgebildeten Pilot:innen geht es wesentlich besser, die Neuroplastizität unseres Gehirns unterstützt uns und es gibt im weiteren Verlauf dieses Buches noch weitere gute Nachrichten. Dennoch ist unser Energievorrat nicht unbegrenzt. Und er geht uns im Übrigen schneller aus, wenn wir uns traurig oder allgemein schlecht fühlen. Das hat man natürlich auch untersucht. Diesmal mit Radieschen, Keksen und Schokolade. An Erwachsenen.

Die Kolleg:innen aus der Sozialpsychologie halte ich für die fantasievollsten unserer Zunft. Sie stellen nämlich nicht nur trockene wissenschaftliche Überlegungen an, sondern werden bei ihren Untersuchungsdesigns kreativ. Oder auch gemein. Oder wie finden Sie das, wenn man guten Menschen, die bereit sind, für die Wissenschaft einen ganzen Tag lang nichts zu essen, auch noch Selbstkontrolle abverlangt? Als die nüchternen (und hungrigen!) Proband:innen sich zum Experiment im Labor einfanden, wurden sie nicht nur von den Versuchsleiter:innen, sondern auch vom Duft frisch gebackener Kekse empfangen. Das war natürlich Absicht. Dann wurden die Versuchspersonen (wahrscheinlich allesamt mit knurrenden Mägen) zu Tischen geführt, auf denen für jede:n Teilnehmer:in drei Schüsseln standen: eine mit Keksen, eine mit Schokolade, eine mit Radieschen.

Während sich ein Teil der Teilnehmenden an Keksen und Schokolade bedienen durfte, durfte eine andere Gruppe nur Radieschen essen. Wenn man also Pech bei der Zuteilung gehabt hatte, musste man Keksen und Schokolade widerstehen und durfte nur an den Radieschen knabbern. Als wäre das nicht genug, gab es dann auch noch einen Geometrietest zu absolvieren, der den Teilnehmenden als eine Art Intelligenztest verkauft wurde. Das Fiese an der Sache: Die Aufgaben des sogenannten Tests waren gar nicht lösbar. Wenn man Frustration erzeugen will, macht man das genau so.

Die Kolleg:innen aus der Sozialpsychologie sind natürlich keine Sadist:innen, die sich an Proband:innen austoben wollen, sondern verfolgten den guten Zweck der Erkenntnis. In unserem Fall wollten sie herausfinden, ob Kekse und Schokolade eine Versuchung für Menschen darstellen, die ihren Hunger nur mit Radieschen stillen dürfen. Das tun sie. Überraschung. Ferner sollte erforscht werden, wer unter welcher Versuchsbedingung wie lange an den (unlösbaren) Geometrieaufgaben tüftelte. Es zeigte sich eindrücklich, dass das bei der Kekse-Schokoladen-Fraktion wesentlich länger der Fall war als bei der Radieschen-Gruppe. Es bedarf schon einer gewissen Anstrengung, mit Radieschen Vorlieb zu nehmen. Und das schlägt sich auf das Durchhaltevermögen bei einer Aufgabe, die ebenfalls mit Anstrengung verbunden ist, nieder. Ganz zu schweigen von der Stimmung. Das erwähne ich gerne, wenn Klient:innen über eine Ernährungsumstellung nachdenken. Wir brauchen nämlich Energie, Zeit und Raum dafür, das heißt, wir sollten die Rahmenbedingungen gut planen. Wir wissen ja bereits, dass wir Umgebungsbedingungen hilfreich gestalten können, und werden uns daher, wenn wir beispielsweise eine zuckerreduzierte oder -freie Woche einlegen wollen, unsere Wohnung nicht mit Buttercremetorten und Schokoriegeln vollräumen. Wir sollten auch darauf achten, dass wir nicht zu viele Herausforderungen auf einmal meistern wollen. Liebeskummer, Stress im Job und eine Steuernachzahlung wäre zum Beispiel eine sehr schwierige Kombination – es ginge uns mit großer Wahrscheinlichkeit die Puste aus.

Nicht nur Süßigkeiten zu widerstehen ist anstrengend, auch Emotionen zu unterdrücken verbraucht Energie. Das wurde an Proband:innen untersucht, denen man einen herzzerreißenden Film zeigte. Eine Gruppe wurde dazu angehalten, ihre Emotionen zu unterdrücken, eine Gruppe sollte sie verstärken und eine Gruppe (die sogenannte Kontrollgruppe) bekam keine Verhaltensvorgabe. Danach waren Buchstabenrätsel zu lösen.

Es zeigte sich, dass Emotionen zu verstärken oder zu unterdrücken das Durchhaltevermögen vermindert. Das erklärt meine Empfehlung der guten Planung und auch, warum sowohl Familienzusammenkünfte als auch Businessmeetings über ein erträgliches Maß hinaus so erschöpfend sein können. Wir verfügen eben nicht über einen endlosen Vorrat an Energie. Diesen zapfen wir aber an, wenn wir Impulse unterdrücken. Auch wenn es eine gute Idee ist, Onkel Bert nicht mitzuteilen, dass wir seinen Witz, den wir schon 234-mal gehört haben, auch das 235. Mal nicht lustig finden, oder dem Chef nicht zu sagen, dass sein Vorschlag nicht so gut ist, dass es dafür einen zweistündigen Monolog braucht.

Multitasking

Aus demselben Grund funktioniert auch Multitasking nicht. Allein schon der Begriff ist irreführend. Es sollte korrekterweise „Aufgabenwechsel“ heißen. Mit mehreren Aufgaben gleichzeitig geht es uns wie einem:einer Löwenbändiger:in im Zirkus. In der Mitte der Manege stehen wir, auf den Hockern sitzen unsere Aufgaben. Nehmen wir an, wir haben uns vier Aufgaben vorgenommen. Während wir dafür sorgen, dass Aufgabe 1 durch einen Reifen springt, müssen wir Aufgaben 2, 3 und 4 auf ihren Plätzen halten und auch wieder dorthin verweisen, wenn sie herumspazieren und Unfug treiben, sprich: um unsere Aufmerksamkeit buhlen. Und dann ist noch lange nicht gesagt, dass Aufgabe 1 bereits durch den Reifen gesprungen ist. Zielführender ist es, jeweils nur einen Löwen in der Manege zu haben. Das ist zwar nicht so spektakulär fürs Publikum, aber viel effizienter für uns. Weil es in unserem Fall ja nicht um Show und Publikum, sondern um das Erledigen von Aufgaben geht oder, entsprechend unserem Bild ausgedrückt, darum, dass ein Löwe durch einen Reifen springt. Dann erst kommt der nächste dran. Natürlich gibt es Aktivitäten, die so routiniert ablaufen, dass wir sie gleichzeitig erledigen können. Spazieren gehen und ein Pläuschchen mit der Freundin halten ist machbar. Wenn das Gespräch aber ernster oder nachdenklicher wird, werden Sie merken, dass Sie langsamer gehen oder sogar stehen bleiben. Aufmerksamkeit, Konzentration, Energie – davon haben wir keinen endlosen Vorrat zur Verfügung. Aus der Selbstkontroll-Forschung kennen wir den Begriff der „Self-Regulatory Depletion". Wir können das mit „Selbst-Erschöpfung" im Sinne von Begrenztheit unserer Ressourcen für Aufgaben übersetzen, die Selbstkontrolle erfordern.

Selbstwirksamkeit statt Disziplin

Wenn Ihnen im Zuge der vorangegangenen Ausführungen der Begriff „Disziplin" durch den Kopf gegangen ist, kann ich das gut nachvollziehen. Mir ging und geht es ebenso. Selbstkontrolle und Disziplin können nahezu synonym verwendet werden. Gegen Disziplin ist ja per se nichts einzuwenden. Das ganze letzte Kapitel ist eine Werbung für Selbstkontrolle. Was in vielen Ohren besser klingt. Man muss es leider sagen: Disziplin hat ein schlechtes Image. Wir verbinden damit nämlich oft das sture Einhalten von Regeln und Vorschriften oder Selbstbeherrschung, die in Richtung Selbstaufgabe oder vielleicht sogar Brechen des eigenen Willens geht. Das soll es natürlich nicht sein. Wenn wir meinen, ein Ziel nur mit einer Haltung, die der Selbstaufgabe nahekommt, erreichen zu können, wirkt sich das auf unsere Stimmung nicht unbedingt positiv aus. Es demotiviert, und das ist ganz und gar nicht in unserem Sinne. Was wir uns wünschen? Es möge für uns – zumindest ein bisschen – leichter und damit möglich werden, unsere Aufgaben zu erledigen und unsere Ziele zu erreichen. Wir wissen schon, dass das nicht von selbst geht, dass wir Energie investieren und gewünschtes Verhalten trainieren müssen. Am besten immer zur gleichen Zeit mit den gleichen Umgebungsbedingungen. Aber Disziplin? Die hat das Zeug zum Stimmungskiller.

Zum Glück helfen uns wieder einmal psychologische und neurowissenschaftliche Blickwinkel aus der Patsche und schlagen uns nicht nur alternative Begriffe, sondern auch Konzepte wie Selbststeuerung oder Selbstwirksamkeit vor. Diese haben mehr mit Selbstbestimmtheit und daher mit unserer Fähigkeit zu tun, ein Ziel autonom und absichtsvoll anzustreben und dabei aber unsere Emotionen und unser Wissen über uns selbst miteinzubeziehen und hilfreich einzusetzen. Kurz, Autopilot:innen und Pilot:innen zusammenzuspannen. Das erfordert in der Folge eine bewusstere Herangehensweise, aber auch spielerisches Ausprobieren der Anregungen und Anwenden der Erkenntnisse, die Sie im Laufe dieses Buches erhalten, erfahren und erarbeitet haben. Stets mit dem Fokus auf dem eigenen Weg, der eigenen, individuellen Route. Gehen müssen wir dann allerdings selbst, keine Frage. Apropos Selbst.

Das gegenwärtige und das zukünftige Selbst

Dem Begriff des „Selbst“ begegnen wir bereits in den Anfängen der Psychoanalyse und der Psychologie und auch in unserem Alltag. Die Bedeutung unterscheidet sich jeweils ein wenig. Wir könnten uns beispielsweise an den Zugang des US-amerikanischen Vaters der Psychologie, William James, halten. Ihm zufolge verfügen wir zumindest über eines: das „Kern-Selbst“, eine wahrnehmende, um sich wissende Instanz oder auch ein:e innere:r Beobachter:in. Diese Definition ist zugegeben nicht die neueste, aber immer noch hilfreich. Wir werden sie weiter unten wieder brauchen. Dieser Herr James ist im Übrigen mit dem Schriftsteller Henry James verwandt, der wiederum für seine vielschichtigen, psychologisch akkurat gezeichneten Romanfiguren berühmt ist. Eine begabte Familie.

Der aktuellen Forschung zufolge haben wir nicht bloß ein Selbst, sondern jedenfalls zwei: ein gefühltes, gegenwärtiges und ein gedachtes, zukünftiges. Das gefühlte, gegenwärtige Selbst liest gerade diese Zeilen. Es hat unmittelbaren Zugang zu Erfahrungen, Emotionen, Gefühlen, Stimmungen und Körpersignalen. Es reagiert mit Amüsement, wenn eine Formulierung witzig ist, mit Stirnrunzeln, wenn wir uns konzentrieren. Wir merken, wenn uns das, was wir gerade machen, leichtfällt und auch, wenn es mit Anstrengung verbunden ist. Das ist im Übrigen genau das Selbst, das verantwortlich ist, wenn wir ein Ziel erreichen, eine Aufgabe erledigen wollen, und das die unmittelbaren Impulse, Affekte und Ablenkungen im Zaum zu halten hat.

Wir haben aber auch ein gedachtes, zukünftiges Selbst. In unser zukünftiges Selbst haben wir offenbar unbegrenztes, blindes Vertrauen wie in eine:n Superheld:in. Die Tätigkeiten und Entscheidungen, die das gegenwärtige Selbst für lästig, langweilig oder mühsam hält, werden dem zukünftigen Selbst mit großer Zuversicht überantwortet – mit der Erwartung, dass es sie ganz leicht schafft. Wonder Woman oder Superman wird das schaffen. Morgen. Oder Übermorgen. Auf alle Fälle später. „Später" ruft das Superheld:innen-Selbst auf den Plan. Das kann alles.

Schüler:innen und Studierende aller Zeiten und Länder kennen folgendes Szenario: In drei Wochen steht eine Prüfung an. Wir müssen 300 Seiten lernen. Das geht leider nicht in einer Nacht. Wir müssen uns den Stoff einteilen. Wir dividieren also die Anzahl der zu lernenden Seiten (300) durch die Anzahl der Tage bis zur Prüfung (21). Das wären 14,3 Seiten pro Tag. Weil wir gerade gut drauf sind – schließlich fangen wir ja erst morgen an –, runden wir auf 15 Seiten pro Tag auf. Dann sind wir sogar einen Tag früher fertig. Klingt gut. Es kann losgehen. Morgen. Am nächsten Tag muss das gegenwärtige Selbst ran. Nach ein paar Seiten kann es sein, dass es nicht mehr will. Es ist müde, frustriert, gelangweilt, hat Hunger, will chatten und so weiter und so fort. Was also tun? Die geniale Lösung: das Lernen für heute bleiben lassen. Dann geht es uns gleich viel besser. Wie halten wir es mit den ungelernten Seiten? Die werden wir schon aufholen. Später. Dann dividieren wir die verbleibenden Seiten durch die Anzahl der noch verbleibenden Tage. Das sind jetzt zwar mehr Seiten in weniger Zeit als vorher, aber das wird sich schon ausgehen. Dass Gelerntes auch wiederholt werden sollte, damit es gut hängen bleibt, hatten wir vergessen. Also berücksichtigen wir es jetzt. Und weil die Durchführung wieder in der Zukunft liegt, also das zukünftige, gedachte Selbst dafür zuständig ist, sind wir großzügig.

Wir unterliegen hier einem Phänomen, das man „Planning Fallacy" nennt. Das bedeutet, dass wir den Aufwand eines Projektes unterschätzen. Unsere Superheld:innen werden das schon erledigen. Die brauchen keine Pausen, verfügen über maximale Selbstkontrolle, haben keinen Liebeskummer oder Schnupfen und brauchen auch keine freien Wochenenden. Ein Wunder? Eher ein Phänomen. Weil es ja nicht stimmt, dass es morgen oder übermorgen leichter, besser, schneller oder schmerzloser geht. Wir handeln aber so. Je weiter in der Zukunft, desto heldenhafter wird unser Selbst im Übrigen, denn desto weniger ist es in Verbindung mit unseren Erfahrungen, Emotionen und Körpersignalen. Das erklärt den Superheld:innen-Status. Einschätzungen und Entscheidungen, die wir in die Zukunft verlegen, fallen mit hoher Wahrscheinlichkeit anders aus, als wenn wir sie in der Gegenwart treffen. Damit befasst sich mittlerweile auch ein Zweig der Wirtschaftswissenschaften, der sich „Verhaltensökonomik" nennt und Erkenntnisse der Psychologie einbezieht, allen voran wieder ein Nobelpreisträger, Richard H. Thaler, der, wie Kollege Kahneman, nicht viel vom Homo oeconomicus hält. Mit den Augen des Homo oeconomicus betrachtet, würde es keinen Unterschied machen, ob wir eine Entscheidung für jetzt oder für später treffen. Tut es aber. Unser zukünftiges, gedachtes Selbst hat nämlich keinen Zugang zu unseren Erfahrungen. Es ist eine eher nüchterne Instanz. Wenn wir uns Aufgaben vornehmen und Ziele setzen, muss diese jedoch nicht das gedachte, sondern das fühlende Selbst erledigen und erreichen. Wenn wir uns im Hier und Jetzt eine unangenehme Aufgabe in der Zukunft vornehmen, ist das in unserer Vorstellung kein Problem. In dem Moment, da die Zukunft zur Gegenwart wird, es also an die Umsetzung geht, übernimmt aber wieder das gegenwärtige Selbst. Gedacht bin ich beim zukünftigen Bügeln, Schreibtischaufräumen, Rechnungen-Sortieren und Abarbeiten von E-Mails ganz entspannt. Das ändert sich, je näher es ans tatsächliche Erledigen geht. Dann kommen wieder meine Emotionen, Körpersignale und Stimmungen dazu.

Namhafte Kolleg:innen (ohne Nobelpreis, aber vielleicht kommt der noch) haben dazu an ebenso namhaften US-Universitäten (New York University, Princeton) einige interessante Untersuchungen durchgeführt und Proband:innen zu Forschungszwecken in den Hirnscanner gelegt. Die Ergebnisse könnten wir mit der Überschrift „Mein zukünftiges Selbst? Kenne ich nicht!" zusammenfassen. Einiges aus diesen Studien kann Sie mittlerweile nicht mehr überraschen, wie beispielsweise, dass wir weniger Interesse an zukünftigen als an gegenwärtigen Gewinnen haben. Genauso verhält es sich mit gegenwärtigen versus zukünftige Belohnungen. Dass es einen Zusammenhang zwischen emotionaler und zeitlicher Distanz gibt, haben Sie aufgrund der obigen Ausführungen vermutlich auch schon geahnt. Ich auch. Eine Erkenntnis finde ich allerdings sehr interessant und möchte sie Ihnen nicht vorenthalten: Je weiter in der Zukunft unser Selbst von einer Entscheidung betroffen ist, umso eher verhalten wir uns, als ob es sich um eine fremde Person handelt. Das ist sehr aufschlussreich und, wenn wir darüber nachdenken, auch logisch. Das zukünftige Selbst hat ja keinen Zugang zu unseren Erfahrungen (inklusive Körpersignalen, Emotionen, Stimmungen). Der Blickwinkel mutet wie ein anderer an. Entscheidungen über die Zukunft scheinen von einem Beobachter von außen gefällt zu werden. Da wird nicht gefühlt, sondern gedacht. Denken können wir viel. Zum Beispiel an eine Familienfeier. Die findet erst in einem halben Jahr statt und wird sicher nett – für das gedachte, zukünftige Selbst. Das gegenwärtige Selbst bekommt es wieder mit Onkel Bert und seinen Witzen zu tun. Armer Onkel Bert. Der kommt bei mir genauso schlecht weg wie Familienfeiern.

Aber es gibt viele andere Beispiele für dieses Phänomen. In vier Monaten eine Veranstaltung zu besuchen ist aus der zeitlichen Entfernung – also von außen – betrachtet eine gute Idee. Ein paar Tage Urlaub mit sechs Menschen zu verbringen, von denen wir mit zweien nicht besonders gut zurechtkommen, der Großputz nächste Woche oder der Umzug in einem halben Jahr scheinen auch realisierbar. Was wir nicht ins Kalkül ziehen, sind die emotionalen Faktoren, die schlagend werden, je näher wir der Umsetzung kommen. Dann werden nämlich die Beschwerlichkeiten der Anreise zur Veranstaltung immer fühlbarer und es müssen Entscheidungen getroffen werden: vier Stunden Bahnfahrt oder doch mit dem Auto anreisen? Übernachtung organisieren. Womit zurückreisen? Die Vorstellung mit Menschen Zeit zu verbringen, denen man nicht besonders zugetan ist, wird auch immer unangenehmer, je

näher der Urlaub kommt, und Großputz oder Umzug sowieso. Wenn ich ein hübsches, aber günstiges Möbelstück kaufe, ist der Haken, dass es zusammengebaut werden will. Sie können sich vorstellen, dass mein begeistertes gegenwärtiges Selbst den Zusammenbau meiner Wonder Woman und dem Superman meines Mannes überantwortet. Die gibt es aber gar nicht. Die oft erfahrene Realität geht nämlich eher in Richtung windschiefe Regale oder Beziehungskrise mit der Suche nach fehlenden Schrauben und Haare-Raufen ob sinnfreier Gebrauchsanleitungen.

Spätestens an dieser Stelle kommt auch mein größter Vorbehalt gegen das reine Zeitmanagement als Lösung für das Problem des Aufschiebens ins Spiel. Es ist zwar hilfreich, unsere Aufgaben zu priorisieren, jedoch teilt die Aufgaben dabei das gegenwärtige Selbst für das zukünftige ein. Entscheidungen und Konsequenzen werden getrennt voneinander behandelt. Diese Trennung können wir auch emotionale oder psychologische Distanz nennen. Diese ist umso größer, je weiter die Aufgabe in der Zukunft liegt, wie weiter oben bereits ausgeführt.

Die Lösung? Es gilt, die emotionale oder psychologische Distanz zwischen unserem gegenwärtigen und unserem zukünftigen Selbst zu überbrücken, sie miteinander zu verbinden. Das klingt einfach und ist es eigentlich auch. Was es dazu braucht? Ein kurzes (manchmal auch längeres) Innehalten und Durchatmen, bevor eine Entscheidung für einen späteren Zeitpunkt getroffen wird. Wir erinnern uns so gut wie möglich an Erfahrungen, die wir in vergleichbaren Situationen gemacht haben, und versuchen sie nachzuempfinden. Wir versetzten uns also in uns selbst hinein. So deutlich, plastisch, konkret und lebendig wie möglich bringen wir Entscheidung und Konsequenzen zueinander, die positiven, aber vor allem auch die negativen, also jene, die eintreten, wenn wir das, was wir uns vorgenommen haben, nicht erledigen. Ich erinnere mich beispielsweise bei Selbstbaumöbeln am liebsten daran, dass sie einem Beziehungsstresstest gleichkommen.

Eigentlich holen wir uns damit von uns selbst Feedback ein. „Feed back" bedeutet wörtlich „zurückfüttern" – das passt hier sehr gut. Wir speisen unsere emotionalen Erinnerungen wieder ein und betrachten unser zukünftiges Selbst in Verbindung mit den Aufgaben von innen heraus. Das verändert den Blickwinkel auf das, was wir uns vornehmen. Beispielsweise verändern sich der zeitliche Aufwand für ein Projekt oder die Schritte zur Erledigung einer Aufgabe mit hoher Wahrscheinlichkeit. Die Vorstellung wird realistischer und die Aufgabe machbarer, weil sich die emotionale bzw. psychologische Distanz verändert. Entscheidungen können dann auch anders ausfallen. Wir beschließen zum Beispiel, unsere Zeit lieber mit Menschen zu verbringen, denen wir zugetan sind, und verzichten auf den geplanten Urlaub. So machen wir das am besten bei sämtlichen Plänen, die am Ende immer von unserem fühlenden Selbst umgesetzt werden müssen.

Die Aktivierung von vergangenen Erfahrungen kann auf unterschiedliche Weise als Entscheidungshilfe wirksam werden. Eine Klientin kam mit bester Laune zu mir. Der Grund? Sie hatte eines morgens wieder einmal ihren Smartphonewecker in den Schlummermodus versetzt. Da hatte sie beschlossen, sich lebhaft daran zu erinnern, wie es ihr das letzte Mal mit dem Zu-spät-Aufstehen ergangen war – an die fehlende Zeit für das Haarewaschen, die Hetze, den Stress. Diese Erfahrung wollte sie nicht wieder haben, aber ein bisschen mehr Zeit für sich. Also entschloss sie sich „aktiv" – ihr Wort, nicht meines – dafür, die Zeit bei der Frisur zu sparen, indem sie einfach einen Zopf machen würde, drückte die Schlummertaste (aber nur noch ein- statt wie sonst dreimal), stand auf, bereitete sich einen Kaffee und schaute in der gewonnenen Zeit einfach aus dem Fenster. Es war für sie ein guter Start in den Tag. Selbstbestimmt.

Der Kaffee von morgen oder: „Selbste“ verbinden

Die Konsequenzen einer Entscheidung wie der für das Aufschieben einer Aufgabe deutlich vor Augen zu haben darf auch in die positive Richtung gehen. Um uns den Graben der psychologischen Distanz zwischen dem gedachten und dem gefühlten Selbst bewusster zu machen, und das gleich mit positiven Folgen, schlage ich einen spielerischen Ansatz für den morgendlichen Kaffee oder Tee vor. Es wird uns ja öfter geraten, wir mögen uns für einen Termin am nächsten Tag die Kleidung bereitlegen, die wir tragen wollen. Das tun wir manchmal oder meist auch nicht. Wenn es keinen Spaß macht, lassen wir es eher. Probieren wir nun eine etwas andere Herangehensweise aus, um mit unserem abendlichen Selbst unserem morgendlichen Selbst eine kleine Freude zu bereiten. Dazu stellen wir alles, was wir für den Kaffee oder Tee am Morgen benötigen, schon am Abend bereit. Am besten kommentieren wir jeden unserer Handgriffe für unsere Ohren gut hörbar (oder denken „ganz laut“ in unserem Kopf, falls Menschen in der Nähe sind, die unser Verhalten als seltsam deuten könnten) mit Sätzen wie „Mein liebes morgiges Selbst, das mache ich für dich“, „Mit den besten Grüßen vom heutigen an das morgige Selbst“ oder „Wenn ich das jetzt mache, dann freue ich mich morgen“. Wieder einmal darf an dieser Stelle festhalten werden, dass weder Kreativität noch Humor verboten ist. Ganz im Gegenteil.

Am nächsten Morgen, wenn der Kaffee oder Tee mit weniger Aufwand als sonst verbunden ist, bedanken wir uns (möglichst überschwänglich, wenn Sie das mögen) bei unserem gestrigen Selbst. Hier einige Beispiele von Klient:innen:

- ❑ Alles da! Wie cool ist das denn?
- ❑ Nett!
- ❑ Lieb!
- ❑ Wie praktisch!
- ❑ Das habe ich gut gemacht, das mache ich wieder.
- ❑ Danke, du fabelhaftes Selbst!

Sie können sich auch – begleitet von einem „Gut gemacht!" – selbst die Hand schütteln, um quasi zu zeigen, wie gut es ist, wenn sich zwei „Selbste" aus unterschiedlichen Zeiten die Hand reichen. Eine Klientin klatscht dazu symbolisch in die Hände und ruft: „Bestens!" Probieren Sie das auch. Der ganze Versuch ist albern genug, um zu funktionieren. Die leichtfüßige (eigentlich -händige) Atmosphäre bringt eine positive Stimmung mit sich und die Aufgabe ist kaum mit Anstrengung verbunden – so wird die Umsetzung wahrscheinlicher. Sie erinnern sich: Aufschieben bedarf des Stimmungsmanagements.

Eines darf ich Ihnen aus eigener Erfahrung noch mitgeben. Ich übe mich mittlerweile darin, wie ein Detektor das Wort „später" – gedacht oder ausgesprochen – zu registrieren und umgehend mit „Lieber gleich!" (oder ähnlichen Varianten) zu ersetzen. Je nachdem, welche Menschen sich gerade um mich befinden, denke ich es oder spreche es laut aus. Das betrifft vor allem Tätigkeiten, die schnell erledigt sind, beispielsweise während eines Songs. Das ist meine gut machbare, persönlich festgelegte Zeiteinheit. Außerdem nehme ich noch Anleihen bei der oben erwähnten Klientin, reibe meine Hände aneinander, sage (oder denke) „Sehr gut!" und freue mich. Im normalen Leben sieht es dann so aus, dass ich mir abends angesichts einiger Handgriffe in der Küche gut zurede („Das mache ich noch", „Besser gleich" oder „Darüber freue ich dann morgen"), mir meine Kopfhörer aufsetze und zu meinem aktuellen Lieblingssong tätig werde. Ich singe nicht schön, aber in Situationen wie diesen häufig mit. Wenn ich fertig bin, klatsche ich in die Hände, sage laut „Sehr gut!", freue mich und staune immer wieder, dass Tätigkeiten, die in mir einen Widerwillen ausgelöst haben, so schnell machbar sind. Gute Laune inklusive. Diese setzt sich aus mehreren Faktoren zusammen, wie dem Erreichen eines (zugegeben sehr kleinen) Ziels, der Wahl der individuellen Zeiteinheit (einen Song lang) und dem Verbessern der Umgebungsbedingungen durch Lieblingsmusik und Gesang. Das finden Sie albern? Sehr gut. Dann möchten Sie es ja vielleicht gleich ausprobieren.

Unangenehmes wird durch weniger Unangenehmes ersetzt

Nicht alles im Leben ist relativ, unangenehme Aufgaben offenbar schon. Mittlerweile wissen Sie, dass ich kein Fan von Bügeln oder Dokumenteablegen bin. Nie aber war meine Wäsche flotter gebügelt und meine Ablage besser in Schuss als während meines Studiums, als ich eigentlich für Prüfungen lernen sollte. Überhaupt war der ganze Haushalt dann tipptopp. Ein einziges Funkeln und Glänzen. Das unangenehme Lernen habe ich einfach durch eine weniger unangenehme Aufgabe ersetzt. Relativ betrachtet. Denn wenn kein Lernen ansteht, ist Bügeln und Papiere-Ordnen immer noch übel. Wir haben es hier mit einem Vermeidungsverhalten zu tun, das mehrere Zwecke verfolgt, wie beispielsweise Spannung zu reduzieren und uns (kurzfristig) zu einer besseren Gefühlslage zu verhelfen. Wir bekommen ein positives Feedback quasi von der Tätigkeit selbst: geschafft, erledigt, schön. Weil das bei der anstehenden Aufgabe, die langweilig, kompliziert und so weiter ist, nicht oder nicht so einfach ist oder nicht so schnell geht, ersetzen wir sie mit einer anderen.

Auch wenn wir nicht wissen, wie die Schritte zur Lösung einer Aufgabe konkret aussehen, machen wir oft etwas anderes, von dem wir wissen, wie und, dass es funktioniert. Ich bin nicht die beste und schon gar nicht die begeistertste Fensterputzerin, aber wie es geht, weiß ich. Das kann ich. Was ich nicht sofort und genau weiß und wofür ich ordentlich Gehirnschmalz investieren muss, ist, wie ich einen Lernstoff am besten strukturieren soll oder welches Ordnungssystem für meine Unterlagen, die sich auf dem Schreibtisch stapeln, geeignet ist. Anstrengend.

Wir geben also der Aktivität, die mit hoher Wahrscheinlichkeit ein Erfolgserlebnis bietet, den Vorzug. Belohnung ist toll. Wir wissen ja: Unser Gehirn sorgt gern dafür, dass es uns im Hier und Jetzt gut geht. Das macht längerfristige Ziele zwar schwieriger, ist aber doch irgendwie interessant.

Der Mechanismus des Ersetzens einer Tätigkeit, die man nicht gerne erledigt, durch eine, die man eher erledigen möchte, funktioniert ähnlich wie bei Fragen, die man nicht beantworten kann. Damit hat sich Daniel Kahneman, Sie kennen ihn bereits aus dem Kapitel „Erkenntnisse mit Nobelpreis“ (siehe Seite 49), auch schon befasst. Er erklärt bestrickend einfach, dass wir, wenn wir keine schnelle und befriedigende (mühelose) Antwort auf eine schwierige Frage finden, einfach eine Antwort auf eine Frage geben, die wir leicht oder wenigstens überhaupt beantworten können. Er nennt das „Ersetzung“.

Ich saß eines Abends auf dem Sofa und schaute mir – weil an Politik und der Schnittstelle zur Psychologie (also politischer Psychologie) interessiert – eine Sendung zu einem Thema an, das live von einer Diskussionsrunde erörtert wurde. Die Runde setzte sich aus Politiker:innen und Wissenschaftler:innen zusammen. Was Ihnen sicherlich auch schon aufgefallen und möglicherweise auf die Nerven gegangen ist: Politiker:innen beantworten selten eine Frage. Sie antworten zwar, aber nicht notwendigerweise auf die Frage, die ihnen gestellt wird. Wissenschaftler:innen tun das schon. Darum empfinden es viele Zuseher:innen als sehr erfrischend, wenn sich nicht nur Politiker:innen an einer Debatte beteiligen. Wenn Wissenschaftler:innen die Antwort auf eine Frage nicht wissen, weil diese beispielsweise nicht in ihr Fachgebiet fällt oder sie eine Aussage nicht belegen können, sagen sie das. Wenn etwas in ihr Fachgebiet fällt und sie meinen, nicht über ausreichendes Wissen zu verfügen, recherchieren oder forschen sie nach. So gehört sich das auch, finde ich. Wenn Sie mich beispielsweise nach dem Unterschied zwischen Korrelation und Kausalität fragen, muss ich das als Psychologin wissen. Wenn Sie mich nach dem aktuellen Börsenkurs fragen, antworte ich Ihnen: „Den kenne ich leider nicht.“ Politiker:innen dürfen offenbar nicht so agieren. Sie müssen Antworten auf alle Fragen haben, die man ihnen stellt. Also nehmen sie – weil niemand immer alles wissen kann – eine Antwort, die sie kennen, und wenden sie auf eine Frage an, die sie nicht beantworten können. Hauptsache, sie haben etwas gesagt. Ich bin hier zugegebenermaßen sehr plakativ unterwegs. Aber letzten Endes stellt sich durchaus die Frage: Wer gilt in einer Diskussion nicht gerne als schlau? Eben.

Dieses Verhalten tritt natürlich auch jenseits der Politik auf. Jeden Tag. Auch wir weichen gelegentlich einer schwierigen Frage aus, die wir nicht beantworten können. Das ist oftmals kein bewusster Vorgang. Es bedeutet für uns eine Komplexitätsreduktion, was auch wieder nur Energiesparen ist. In Diskussionen werde ich sehr hellhörig, wenn die Floskel „Darum geht es nicht, es geht vielmehr darum ...“ fällt, und ich bleibe sehr aufmerksam, ob die ursprüngliche Frage wirklich beantwortet wurde.

Wenn wir nun wissen, dass wir dieser Dynamik nicht nur bei Fragen, sondern auch bei Aufgaben anheimfallen können, ist es schon einmal gut, dass wir das wissen. Wissen wir ja eigentlich schon. Merken wir es uns einfach. Denn im praktischen Teil dieses Buches gibt es dann eine Anregung, wie wir bewusst mit diesem Phänomen umgehen und es sogar für unsere Zwecke nutzen können. Stichwort: Aufgaben-Ping-Pong.

Langeweile oder Flow

Den Begriff „Flow“ haben Sie sicher schon einmal gehört. Er ist in unsere Alltagssprache eingegangen und wir verwenden ihn für unterschiedliche, durchwegs positiv konnotierte Erfahrungen, die wir bei gewissen Tätigkeiten machen. Wir kommen in einen Fluss, der jenseits wahrgenommener Anstrengung liegt, in dem wir bisweilen Raum und Zeit vergessen und große Freude empfinden können. Psychologisch und nüchtern ausgedrückt, führen wir eine Handlung aus und bleiben dabei. Klingt nach dem Gegenteil von Aufschieben. Daher werfen wir einen genaueren Blick darauf.

Der Vater des Flows ist der Glücksforscher Mihály Csíkszentmihály. Er hat sich unter anderem damit beschäftigt, wie Menschen ihre Lebensqualität bestimmen und ihre Erfahrungen so steuern können, dass sie Glück empfinden. Auch wenn er es nicht so nennt, erkennen wir darin die Nähe zur bereits erwähnten Selbststeuerung oder auch zur Selbstwirksamkeit. Diese sind also nicht nur gut gegen Aufschieben, sondern tragen auch zur Lebensqualität bei.

Es ist nicht mein Ziel, aus jeder unserer Aufgaben eine Erfahrung mit maximalem innerem Jubel zu machen, in die wir so vertieft sind, dass nichts anderes eine Rolle spielt. Wenn es doch geschieht? Wunderbar! Wir befassen uns in Hinblick auf das Aufschieben aber insofern mit Csíkszentmihálys Flow, als dass er uns helfen soll, unser Empfinden von Langeweile in Zusammenhang mit einer Aufgabe nachzuvollziehen und dagegen vorzugehen. Stimmungsmanagement also.

Kennen Sie das? Wir lesen ein Buch, egal welches. Das Buch ist durchaus anregend, vielleicht fesselt es uns sogar. Wir lesen es fertig und nehmen es liebevoll in unsere Bibliothek auf. Herzlich willkommen zu Hause! Und dann gibt es Bücher, bei denen wir an einem und einem anderen und womöglich noch einem Satz hängen bleiben. Sie begleiten uns und kommen uns wieder und wieder in den Sinn. Das sind mobilere Bücher. Sie gehen überallhin mit. Mir geht es oft so. Sonst wäre ich ja kein Bücherwurm. Mit großen Taschen.

Csíkszentmihály hat mich zum Beispiel an einer Stelle gepackt, wo er – so nennt er es – den optimalen Zustand innerer Erfahrung (ja, genau, den Flow) und die Faktoren, die dafür Voraussetzung sind, beschreibt. Besagter Flow tritt dann ein, wenn wir unsere psychische Energie, wir können auch Aufmerksamkeit dazu sagen, für

a) realistische Ziele einsetzen und wenn dabei

b) unsere Fähigkeiten den Handlungsmöglichkeiten entsprechen.

Es sind diese Zutaten und deren Verhältnis zueinander, die unser Interesse wecken. Denn, anders formuliert, sollten wir das, was wir anstreben, auch erreichen können. Einverstanden. Das reicht aber noch nicht für einen optimalen inneren Zustand. In unserem Fall liegt der Fokus zwar nicht unbedingt darauf, in einen Flow zu kommen, aber in die Ausführung von Aufgaben. Wie kann uns hier die Kombination der Zutaten a) und b) weiterhelfen?

Wenn wir uns überlegen, dass eine Erledigung auch ein Ziel ist und damit eine Herausforderung, können wir weiters feststellen, dass so eine Herausforderung („challenge" im Englischen) entweder groß oder klein sein kann. Eine große Herausforderung ist es beispielsweise, ein Buch zu schreiben, eine Ausbildung zu machen oder einen Berg zu besteigen. Eine kleine Herausforderung stellt hingegen Bügeln, Schreibtischaufräumen oder Rechnungen-Sortieren dar. Der Grad der Herausforderung ist höchst individuell. Nach Csíkszentmihály hängen die Herausforderungen mit den entsprechenden Fähigkeiten („skills" im Englischen) zusammen. Über diese verfügen wir in Hinblick auf eine Herausforderung entweder in einem geringen oder einem hohen Ausmaß. Oder gar nicht. Für den Flow, aber letztendlich auch für die

Machbarkeit muss das Verhältnis der beiden zueinander passen. Fürs Bügeln bringe ich beispielsweise alle Fähigkeiten mit, der Anreiz zur Erledigung ist jedoch ein geringer, die Aufgabe stellt – in dieser Logik – keine große Herausforderung für mich dar, weil ich (eigentlich) wenig Energie dafür aufwenden müsste, um sie zu bewältigen. Die Fähigkeiten, um ein Buch zu schreiben, bringe ich hoffentlich mit, die Herausforderung ist groß, aber sie bleibt auch stets reizvoll. Kein Kapitel ist wie das andere, ich muss ständig recherchieren, nachdenken, formulieren, korrigieren und dazulernen. Ich starte dabei aber von einer soliden Basis aus, wenn ich das so sagen darf. Mein Energie-Einsatz dafür ist hoch. Der Anreiz ebenso. Daher vergesse ich manchmal wirklich Raum und Zeit und bin nur mit dem beschäftigt, was ich gerade tue. Formulieren. Recherchieren. Nachdenken. Schreiben. Überarbeiten. Formulieren … Dann recke und strecke ich mich, schaue auf die Uhr und sehe, dass ein paar Stunden vergangen sind, die sich für mich wie ein Wimpernschlag angefühlt haben. So etwas ist mir beim Schreibtischaufräumen noch nie passiert. Das finde ich nämlich sehr langweilig. Falls ich das noch nicht erwähnt habe. So eine Herausforderung hat für mich einen geringen Anreizcharakter.

Realistisch sollte es beim Setzen unserer Ziele ebenfalls zugehen. Wir können auch sagen, die Aufgabe sollte machbar sein. Damit wir uns das Verhältnis von Herausforderung und (Handlungs-)Fähigkeiten noch besser vorstellen können, habe ich ein Raster gemacht, das wir wie eine Landkarte verwenden können.

Gebrauchsanleitung

Das Raster soll uns in einem ersten Schritt bei unserer Bestandsaufnahme helfen, um uns in einem zweiten Schritt (nicht nur) vor Langeweile zu bewahren. Dies natürlich in der Absicht, eine Aufgabe auch zu erledigen respektive Machbarkeit herzustellen. (Wundern Sie sich bitte

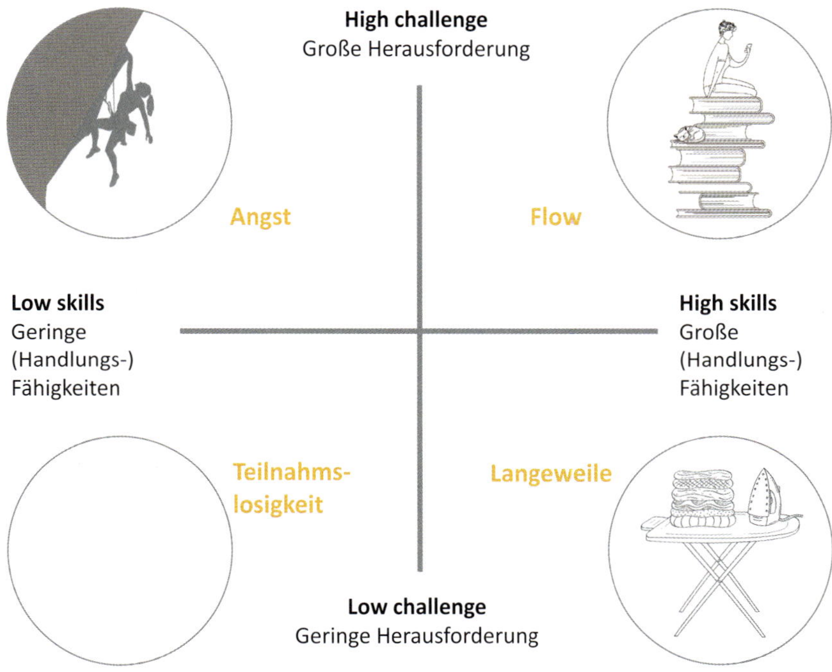

nicht, wenn sie im Feld „Teilnahmslosigkeit“ links unten keine Abbildung sehen. Es ist nämlich keine da.)

Flow

Beginnen wir also mit einem kurzen, sehnsuchtsvollen Blick auf den Flow-Quadranten rechts oben, den wir betreten, wenn wir vor einer großen Herausforderung (high challenge) stehen und die Fähigkeiten zu deren Bewältigung in einem angemessenen Ausmaß mitbringen. Wenn dem so ist: Viel Vergnügen!

Raus aus Angst und Unsicherheit

Wenn wir im Raster links oben weiterhin vor einer großen Herausforderung stehen und die zu deren Bewältigung nötigen Fähigkeiten nicht mitbringen, stellt sich Angst ein. Manchmal ist es vielleicht auch „nur" die kleinere Schwester Unsicherheit. Auch nicht schön.

Eine Bergbesteigung, die mir zudem noch Kletterpartien abverlangt, stellt für mich beispielsweise eine große Herausforderung dar. Wie groß eine Herausforderung ist, hängt von der jeweiligen Dosierung der Komponenten ab. Nehmen wir an, ich müsste jetzt losklettern. Ich befände mich mit Sicherheit sofort im Angst-Quadranten. Wenn ich die Herausforderung annehmen wollte, können wir anhand des Rasters ausmachen, welche Möglichkeiten ich zur Bewältigung hätte und an welchen Schrauben ich dafür drehen könnte. Aus dem Angst-Quadranten kommen wir heraus, indem wir entweder die Herausforderung verringern oder zusätzliche hilfreiche Fähigkeiten erwerben. In meinem Beispiel könnte ich es vielleicht mit einer gemütlichen Wanderung angehen. So hätte ich die Challenge meinen aktuellen Fähigkeiten angepasst. Am besten in guter Gesellschaft. Die sich nicht gleich beschwert, weil ich nicht wie eine Bergziege aufwärts stürme. Wir könnten mir auch empfehlen, einen Kletterkurs (oder besser mehrere) zu absolvieren, Gleichgewichts- und Konditionstraining inklusive. Mit dem Zuwachs an Fähigkeiten und Muskeln könnten wir den Schwierigkeitsgrad meiner Ausflüge in die Berge graduell erhöhen. Ich hätte aber immer noch gerne nette Gesellschaft. Und dann sollten wir noch auf das Verhältnis zwischen Herausforderung und Fähigkeiten achten, also das Wandererlebnis selbst evaluieren. Csíkszentmihály führt im Zuge seiner Untersuchungen nämlich aus, dass es wichtig ist, ein Feedback quasi von der Tätigkeit selbst zu erhalten, um in den Flow zu kommen. Dieses sollte natürlich ein positives sein. Anders ausgedrückt, könnten wir mich fragen, ob die Bergtour an und für sich ein positives Erlebnis war.

Wichtig für uns zu wissen ist, dass der Weg aus dem Angst-Quadranten in der Anpassung der Herausforderung und/oder der Fähigkeiten liegt und vor allem eines ist: möglich. In der Praxis kann das bedeuten, eine große Aufgabe in mehrere kleinere zu zerlegen, Etappenziele zu erarbeiten und/oder unsere Fähigkeiten auf- und auszubauen, etwa durch Wissenserwerb, Training oder Unterstützung durch andere. Schließlich geht es um mehr Handlungsfähigkeit(en), und da gibt es ein weites Feld an förderlichen Möglichkeiten. Eines sei noch angemerkt. Wenn ein Ziel nicht realistisch ist, hilft es oft, den Wunsch dahinter zu verstehen und in eine erreichbare Version überzuführen. Am Beispiel meiner Bergbesteigung ist das nachvollziehbar: Mein Wunsch? Eine gute Zeit auf dem Berg zu verbringen. Das geht auch ohne Klettern oder, in „Flowsprache" ausgedrückt, wenn ich die Herausforderung meinen Fähigkeiten anpasse. Es funktioniert natürlich auch anders herum. Das dauert aber seine Zeit und verlangt Energieinvestment. Wissen wir schon.

Teilnahmslosigkeit

Wenn wir auf unserem Raster nach unten gehen, landen wir im Feld der Teilnahmslosigkeit. Diese ist im Endeffekt eine Kombination aus einer (sehr) geringen Herausforderung und geringen (Handlungs-)Fähigkeiten. In diesem Quadranten löst bereits die Auseinandersetzung mit der Aufgabe ein Gefühl von Passivität und Apathie aus. Da freuen wir uns doch regelrecht auf den letzten Quadranten, in dem die Langeweile wohnt. Es ist wirklich vieles im Leben relativ.

Langeweile erkannt, Langeweile gebannt

Eine Aufgabe, bei der Herausforderung und Attraktivität gering sind, für die wir aber die Fähigkeiten zur Bewältigung mitbringen, ist schaffbar. Das Problem ist dann mehr die Frage, wie wir den Langweiligkeitscharakter in den Griff bekommen. Hier ist – Sie merken es bereits an der Formulierung – ein aktives, bewusstes Eingreifen unsererseits nötig.

Aber auch möglich. Weil wir auch hier an den Schrauben „Herausforderung“ und „(Handlungs-)Fähigkeiten“ drehen können.

Lassen Sie uns dazu die Handlung aus der Klammer befreien. Es kann sein, dass es gar nicht darum geht, dass wir etwas können, sondern darum, dass wir es müssen. Dann haben wir es nicht nur mit den Fähigkeiten, die wir zur Erledigung einer Aufgabe benötigen, sondern auch mit den Handlungsfähigkeiten zu tun. Mit Betonung auf „Handlung“. Je kleiner und starrer nämlich unser Handlungsrahmen ist, desto eingeschränkter ist unsere Handlungsfähigkeit (oder auch -möglichkeit) und desto wahrscheinlicher werden Stumpfsinn und Fadesse. Stellen Sie sich dazu beispielsweise vor, wie es einer versierten Pianistin geht, die in Dauerschleife nur „Alle meine Entchen“ spielen darf. Oder kreativen Menschen, die jedes Quartal wieder Rechnungen zu sortieren, in eine Excel-Tabelle einzugeben und Daten in Formulare des Finanzamts einzutragen haben. Sehr groß ist der Handlungsrahmen oder Spielraum da nicht. Eher im Gegenteil. Weil wehe, wenn Formular XY123 nicht korrekt ausgefüllt ist!

Während meiner Studienzeit habe ich alles Mögliche gemacht, um Geld zu verdienen. Vom Servieren in Cafés bis zum Renovieren ganzer Wohnungen war alles dabei. Ein Job ist mir besonders in Erinnerung geblieben. Es waren einen Tag lang unzählige Einladungen in Kuverts zu stecken, diese waren mit einem (bloß nicht mehr!) Tropfen Siegellack zu verschließen und darunter war eine rote Schleife zu platzieren. Wir waren ein zusammengewürfelter Haufen Studierender, die sich für diesen Eintagesjob entschieden hatten. Auf einem langen Tisch stapelten sich Einladungen, Kuverts, Bänderrollen, Siegel, Siegellack, eine Schere und ein Feuerzeug. Wir wurden Stationen zugeteilt, an denen jeweils eine Teilaufgabe erledigt werden sollte. Das war nicht verhandelbar. Ich wurde der Station zugeteilt, an der Bändchen in vorgegebener Größe für die Schleifchen von der Rolle zu schneiden waren. Ein sehr kleiner Handlungsrahmen. Wenig Autonomie, wenig Selbstbestimmtheit. Dafür Langeweile, so weit die Bänderrolle reichte. Aber auch ein aufgeweckter Haufen Studierender. Eine Weile stöhnte jede:r vor sich hin, dann begannen wir einander Geschichten aus unserem Leben zu erzählen, dann jammerten wir, dass es uns mit unserer jeweilige Station am schlimmsten getroffen hätte, und dann wurden wir kreativ. Als Erstes führten wir ein Rotationsprinzip ein. Wir wurden zwar immer wieder von einer Art Aufsichtsperson kontrolliert, aber auseinanderhalten konnte sie uns nicht. Wer an welcher Station arbeitete, fiel ihr nicht auf. Was sich positiv auf unsere Stimmung auswirkte. Wir hatten unseren Handlungsrahmen erweitert. Der wurde uns aber bald wieder zu eng. Dann kam die Idee auf, in der Zeit, die wir pro Station auf zehn Minuten begrenzt hatten, zu zählen, wer wie viele Stück schafft. In meinem Fall: Wie viele Bändchen kann ich in zehn Minuten von der Rolle schneiden? Ein Wettbewerb. Der wurde sehr lustig und bald sehr wild. Wir mussten uns schließlich selbst Einhalt gebieten, um eine Leistung abliefern zu können, die ihr Geld auch wert war. Die Ziele der Wettbewerbe (Challenges) variierten wir daher im Laufe des Tages. Es ging dann nicht mehr darum, die meisten Stück pro Station zu produzieren, sondern beispielsweise darum, Tätigkeiten mit nur einer Hand, auf einem Bein stehend oder mit geschlossenen Augen auszuführen. Nur der Vollständigkeit halber: Einladungen in Kuverts stecken funktioniert mit geschlossenen Augen gut, Bändchen für Schleifchen schneiden weniger. Dafür geht das auf einem Bein stehend. Das Kuvert-Versiegeln ist auf einem Bein eine wackelige Angelegenheit. Aber lustig.

Wir sind damals spielerisch, kreativ und aktiv gegen unsere Langeweile vorgegangen. Wir haben das Verhältnis Herausforderung und Handlungsfähigkeiten neu ausbalanciert. Als wir unsere eigenen Ziele definiert, die öden Tätigkeiten mit Bedeutung aufgeladen und eigene Erfolgskriterien festgelegt hatten, wurde es wesentlich spannender. Das sind im Übrigen Elemente, die auch laut Forschung gegen Langeweile eingesetzt werden können. Das wussten wir damals natürlich nicht.

Funktioniert hat es trotzdem. Damals wie heute. Ein wichtiger Faktor waren natürlich die spielfreudigen Kolleg:innen. An den Schrauben drehen kann man zwar auch bei langweiligen Aufgaben, die wir allein machen, es ist aber nicht verboten, sich nette Gesellschaft zu organisieren.

Ganz praktisch könnten wir versuchen, die Langeweile einzukreisen. Zu diesem Zweck können wir unserer Aufgabe folgende Fragen stellen:

- Bist du eine Herausforderung?
- Verfüge ich für dich über ausreichend (Handlungs-)Fähigkeiten?
- Sind mir die Regeln für deine Ausführung (richtig vs. falsch) bekannt?
- Sind mir die Erfolgskriterien klar? Wann giltst du als gut oder schlecht erledigt?
- Gibst du selbst einen Weg vor? Kann ich während deiner Ausführung erkennen, dass ich gut unterwegs bin?

Nachfolgend finden Sie einige Möglichkeiten aufgelistet, die Sie anwenden können, wenn oben angeführte Fragen mit „Nein“ beantwortet wurden. Wir können uns die Liste als eine von Zutaten für unseren persönlichen, der jeweiligen Herausforderung angepassten Anti-Langeweile-Cocktail vorstellen. Je nach Laune und Situation variiert unsere Getränkeauswahl ja auch im Alltag. Ob wir zu Hause sitzen, mit Freund:innen ein Lokal besuchen oder in die Strandbar schlendern. Manchmal hat unser Drink nur eine Zutat (Whisky, Wasser, Rum), manchmal muss alles rein, was gerade vorrätig ist (wie bei Long Island Ice Tea, Sangria oder 24-Kräuter-Tee mit Ingwer, Honig und Zitrone). Mit den Möglichkeiten a) bis f) können wir es genauso halten:

a) sich in eine Wettbewerbssituation begeben oder eine kreieren,
b) für positive Emotionen sorgen,
c) die Aufgabe zielgerichtet und konzentriert angehen,
d) ein eigenes Ziel definieren und für unmittelbare Rückmeldung sorgen,
e) die Aufgabe mit selbstgewählter Bedeutung aufladen,
f) die Aufgabe achtsam, mit Hingabe, um ihrer selbst willen erledigen.

Beginnen wir bei a), der Wettbewerbssituation. Wir können zum Beispiel eine Herausforderung annehmen. Wenn wir an einem Fußballmatch, Karaokesingen oder Wetthäkeln teilnehmen und nicht verlieren wollen, wird dieser Entschluss sich auf den Weg der Erledigung auswirken. Wenn wir die Konkurrenz womöglich auch noch bei einem Trainingsfortschritt beobachten und feststellen müssen, dass diese einfach besser ist, umso mehr. Da sind sich Sportpsychologie und Verhaltensökonomik einig. Langeweile ist dann wirklich kein Thema mehr. Nachdem wir aber nicht alle Profikicker:innen, Freizeitsänger:innen oder Häkelmeister:innen sind oder werden wollen, werfen wir einen Blick in den normalen Alltag und nehmen das Prinzip der Anforderungssituation dorthin mit. So kann ich mir beispielsweise mit meiner Freundin ausmachen, dass sie auf ihrem Schreibtisch alle Rechnungen des vergangenen Monats für die Steuererklärung fertig macht und ich das auf meinem Schreibtisch mache – getrennt, aber dennoch gemeinsam (d). Das bedeutet, die Rechnungen nach aufsteigendem Datum zu sortieren, auf Zettel zu kleben, in Kategorien einzuteilen, dementsprechend zu beschriften und fein-säuberlich in einem Ordner abzuheften. Mit Trennblatt und auch wieder Beschriftung. Wir machen uns oldschool, also telefonisch, einen Zeitpunkt aus, wann wir loslegen. Wer schneller mit seinem Arbeitspensum fertig ist (a), schickt eine Nachricht. Dann wird das Handy lautlos geschaltet, dafür höre ich Musik (b). Meine Freundin mag beim Rechnungen-Sortieren keine Musik: „Da muss Stille herrschen!“ (c). Wir haben uns auch angewöhnt, die Menschen, mit denen wir zusammenleben, vorzuwarnen, weil wir bei dieser Challenge in einer etwas aufgekratzten (sagen wir) bis bissigen (sagen die anderen) Stimmung sind. Wer klug ist, macht daher einen großen Bogen um uns. Wir könnten es auch der Konzentration dienliche, störungsfreie Gestaltung der Umgebung nennen (b), (c).

Verstehen Sie uns bitte nicht falsch. Jede von uns würde die Aufgabe sicher auch allein hinbekommen. Wahrscheinlich. Mit Hängen und Würgen. Womöglich auf den letzten Drücker. Das Befinden ist bei unserer Methode aber ein ganz anderes (b). Abgesehen davon, dass wir mit dieser Arbeit, die nicht zu unseren Favoriten gehört, nicht allein sind und uns so auch nicht wie die „ärmsten Tröpfe" – die Worte meiner Freundin – fühlen müssen (b), haben wir das abstrakte Ungetüm „Steuererklärung" schon einmal in konkrete Etappen mit einem klaren Erfolgskriterium zerlegt (d), (e). Außerdem unterstützen wir einander (b). Wir haben uns aber bei aller Freundschaft in eine selbstgewählte Anforderungssituation begeben (a).

Was aber ist, wenn wir gerade keiner Freundin, die im selben Boot sitzt, habhaft werden? Aus der Praxis kann ich Ihnen berichten, dass Klient:innen hier sehr kreativ werden. Kaum hat man besprochen, dass eine Veränderung der Anforderung ernsthaft, witzig, schräg oder all das gleichzeitig sein darf, sprudeln die Ideen fröhlich vor sich hin. Wir klopfen sie dann noch gemeinsam auf Umsetzbarkeit ab und sorgen dafür, dass sich weder Frustration noch Ablenkbarkeit dazwischenschummeln können.

Ein Klient haderte beispielsweise mit einer Präsentation, die er fertigzustellen hatte. Die dafür notwendigen Fähigkeiten, auch das ganze inhaltliche Know-how brachte er mit. Das war nicht das Problem. Denn „eigentlich schaffe ich diese Präsentation auch mit einer Hand auf den Rücken gebunden" (a), sagte er und musste lachen. Ich sage in Momenten wie diesen gar nichts. Dafür der Klient: „Das probiere ich aus." Und als wir uns das nächste Mal sahen, war die Präsentation fertig. Der Klient hatte die Anforderungssituation verändert (a), den Schwierigkeitsgrad (spielerisch) erhöht. Das kann einen Unterschied machen. Wir brauchen auch nicht immer alle Möglichkeiten von a) bis f). Das ist höchst individuell. Und darf Spaß machen. Das ist für viele Klient:innen auch eine überraschende Nachricht. Für uns weniger, weil uns das Konzept des Stimmungsmanagements ja schon vertraut ist.

Ich kann mich auch noch sehr gut an einen Klienten erinnern, der am Ende seines Studiums vor einer Prüfung mit umfangreichem Lernstoff stand. Er war ein hochbegabter junger Mann, dem das Lernen insofern leichtfiel, als er über eine hervorragende Merkfähigkeit verfügte und großes Interesse für den Prüfungsstoff mitbrachte. Er hing aber bei einem zu lernenden Gebiet fest, das er, so erkannten wir, todlangweilig fand. Wir erörterten ausführlich die Gründe dafür und überlegten, wie Abhilfe geschaffen werden könnte. Es folgte ein Brainstorming, bei dem alle noch so absurden oder albernen Ideen erlaubt sind. Hauptsache legal. Im Zuge dieses Brainstormings erwähnte der Klient, dass es leider keinen verdienstvollen oder bekannten Vertreter dieses Gebietes gäbe, dass ein berühmtes Vorbild diesem aber wesentlich mehr Attraktivität verleihen würde. Okay, Promifaktor gesucht. Das nahm sich der Klient quasi als Hausübung mit. Das nächste Mal kam er gleich mit der Ankündigung bei der Tür herein, dass dies die letzte Sitzung wäre, weil er die „Langeweile mit einem TED-Talk gekillt" habe – seine Worte, nicht meine. Der junge Mann hatte im Internet recherchiert und war zu seiner großen Überraschung auf mehrere TED-Talks gestoßen, die prominente Vertreter des ehemals todlangweiligen Gebietes gehalten hatten. Es gab also mehr als einen Promi. TED-Talks (TED steht für Technology, Entertainment und Design) sind vor allem durch eine Internetplattform bekannt geworden, über die Videos von Expert:innen unterschiedlicher Gebiete abgerufen werden können. So ein TED-Talk ist schon ein Ritterschlag und verfügt zweifelsfrei über einen hohen VIP-Faktor. Nur zu Orientierung: Ein TED-Talk kann durchaus ein paar Millionen Aufrufe verzeichnen. Das ist schon toll. Zurück zum Klienten. Wir haben in der tatsächlich letzten Sitzung ein Ritual für ihn entwickelt: Er sollte sich immer, bevor er sich zum Lernen setzte, (nur!) ein (zeitlich limitiertes) Stück eines TED-Talks ansehen.

Ich würde dieses Vorgehen nicht allen Studierenden empfehlen, zumal die Gefahr, auf dieser Plattform hängenzubleiben oder in den Weiten des Internets verlorenzugehen, sehr groß ist. Aber für den Klienten war die Lösung maßgeschneidert und deshalb saß sie auch so gut. Das ließ er mich wissen, als die Prüfung geschafft war.

Sie haben, werte aufmerksame Leser:innen, natürlich bemerkt, dass wir nun die Liste der Anregungen, wie gegen Langeweile vorzugehen ist, abgearbeitet haben. Die Aufgaben a) bis e) achtsam, womöglich mit Hingabe und um ihrer selbst willen erledigen. Damit beschäftigen wir uns noch im Kapitel „Achtsamkeit" (siehe Seite 149).

BEST-OF-MIX ...

… AUS DER PSYCHOLOGISCHEN PRAXIS

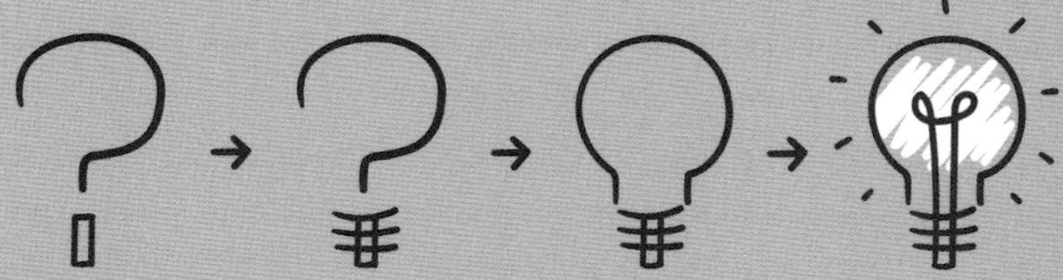

Nun sind wir schon ein beachtliches Stück des wissenschaftlichen Weges mit praktischen Einsprengseln im Sinne der Umsetzbarkeit gemeinsam gegangen und haben uns zum praktischen Teil durchgearbeitet. Ich habe Ihnen ja bereits zu Beginn und dann immer wieder meine liebe Not mit Ratgebern zum Thema Aufschieben – allen voran jene, die allein Zeitmanagement als Lösung dafür in petto haben – geschildert. Es geht mir dabei nicht nur um den oft fehlenden empirischen Unterbau, sondern auch um den Ansatz der einen, einzig richtigen Lösung mit dem Rezept gleich anbei. Diesen Ratgebern kann ich ganz und gar nichts abgewinnen, ob sie nun in Buchform, als Artikel, Podcast oder in menschlicher Form daherkommen. Es fängt schon damit an, dass ein Rat immer eine heikle Angelegenheit ist. Ein ungefragter Rat samt Anleitung zu einem bestimmten Verhalten, so gut er auch gemeint sein mag, erzeugt immer Widerstand. Aussagen wie „Sie sollten" oder „Sie müssten" können Druck und Stress erzeugen. Wir empfinden sie als Übergriff auf unsere Autonomie, und unser Selbstbestimmtheitsempfinden ist dahin. Meistens wollen wir unseren eigenen Weg finden. Und wenn schon ein Rezept, dann bitte eines, das wir gut nachvollziehen können, dessen Zutaten wir gutheißen, die auf uns abgestimmt und in ihrer Zusammensetzung und Dosierung angepasst werden können. Wenn das nicht möglich ist, wenden wir das Sensationsmittel mit hoher Wahrscheinlichkeit nicht an. Es muss unser Weg sein. In unserem Tempo. Für uns gang- und machbar. Daher finden Sie viele Beispiele angeführt. Diese können eine anregende Wirkung haben und in Ihre eigene Situation übersetzt werden. Natürlich ist das höchst individuell. Wie sollte es anders sein? Wir alle haben unterschiedliche Erfahrungen gemacht und abgespeichert. Die Kombination unserer Erfragungen ist einzigartig. Die Welt ist bunt, wir sind es auch, dann darf es wohl auch die Erledigung unserer Aufgaben sein. Apropos bunt. Hier kommt der bunteste Teil dieses Buches. Es ist ein Mix aus dem Feedback meiner Klient:innen und persönlichen Erfahrungen im Sinne eines „Best of Praxis".

Scheibchenweise oder: Das Prinzip der lächerlich einfachen Schritte

Wenn zur Zeit der K.-u.-k.-Monarchie der Sommer nahte, verschwand der Kaiser aus Wien. Alle, die etwas auf sich hielten und es sich leisten konnten, begaben sich ebenfalls in die Sommerfrische ins Salzkammergut, eine sehr schöne Gegend in Österreich mit Bergen, Seen, Wiesen, Almen, Promenaden und Cafés. Man wollte nicht nur der Hitze der Stadt entfliehen und dem Kaiser nahe sein, sondern auch sehen und gesehen werden. Das ging am besten, indem man auf den Promenaden flanierte und sich dann in eines der Cafés mit eigener Konditorei begab. Einige dieser Cafés gibt es heute noch. Sie können dort Süßwaren genießen und diese auch mit nach Hause nehmen. Zum Beispiel einen riesigen Nougathasen. Stellen Sie sich einfach den größten Osterhasen vor, den Sie jemals gesehen haben, und stellen Sie ihn sich noch größer vor. Aus dichtem, schwerem Nougat. Nougat ist sehr nahrhaft. Es besteht aus Nüssen, Kakaobutter, Zucker, Vanille und vielen anderen köstlichen Zutaten. Der Hase ist in Wirklichkeit ein Monster. Gigantisch und süß und beim besten Willen nicht auf einmal zu verputzen. Wenn man es doch versucht, ist einem schon nach der Hälfte tagelang schlecht. Ich weiß, wovon ich rede, weil ich es einmal probiert habe, und ich brauche nie wieder so ein Tier. Wenn ich mir den Hasen portionsweise vorgenommen hätte, wäre es mir wesentlich besser ergangen. Vielleicht trifft der Verzehr eines Nougatbergs in Hasenform nicht unbedingt Ihre vorrangige Bedürfnislage (wer weiß?), aber mit dem „Scheibchenweise-Prinzip" können alle Aufgaben, deren Bewäl-

tigung zunächst unmöglich scheint, machbar werden. Das geht zwar nicht von selbst, aber es geht. Ohne dass Ihnen schlecht wird. Große Vorhaben werden in kleine Teile zerlegt. In ganz kleine.

Viele Klient:innen sind zunächst überrascht, wenn ich ihnen vorschlage, eine Aufgabe oder ein Ziel in die kleinstmöglichen Teile oder Etappen zu zerlegen. Das erscheint ihnen zu leicht. Aber genau darum geht es. Und daher ist kein Teil oder Schritt auf dem ins Auge gefassten Weg zu klein.

Ich kann mich gut an eine Klientin erinnern, die endlich Ordnung in ihr „Wohnungschaos" bringen wollte. Sie hatte sich unzählige Videos auf unterschiedlichen Plattformen im Internet angesehen. Besonders ein Zugang hat sie fasziniert. Um einen übersichtlichen Kleiderschrank zu bekommen, sei es das Beste, man räume den kompletten Schrank aus, werfe alles auf einen Haufen und trage diesen dann Stück für Stück wieder ab, indem man bei jedem Stück einzeln entscheide, welches Schicksal ihm widerfahren solle. Am Ende der Videos war der jeweilige Schrank boutiquengleich sortiert. Das hatte bei der Klientin eine große Sehnsucht ausgelöst. Zumal auch auf diversen Social-Media-Kanälen viele Bilder von strahlenden jungen Frauen vor ihren picobello aufgeräumten (meist begehbaren, 20 m^2 großen) Garderoben zu finden sind.

Hier kommen einige Faktoren zusammen, die die Klientin und ich einzeln thematisiert haben. Zum Beispiel, wie frustrierend es ist, einem Ideal hinterherzulaufen, das vielleicht gar nicht erreichbar ist. Aus einem bescheidenen Kleiderschrank kann keine begehbare Designergarderobe werden, die noch dazu für das Video perfekt ausgeleuchtet ist.

Es ging im Verlauf unserer Sitzungen darum, das individuelle Bedürfnis der Klientin freizulegen, Wünsche realistisch zu gestalten und der Machbarkeit zuzuführen. Sie wollte gerne Ordnung in ihrer Wohnung haben und halten können. Es sei „zu viel" da. Letztendlich war es die Unüberschaubarkeit, die sie belastete. „Ich weiß nicht mehr, wo was ist oder wie viel ich von etwas habe.“ Sie wollte, so hat sie es dann für sich formuliert, eine „übersichtliche Wohnung“ haben.

Gestatten Sie mir zunächst noch eine Bemerkung zum „Alles auf einmal“-Ansatz besagter Videos. Wer auf dem Weg zur Ordnung aus all seinen Besitztümern einen Berg macht und sich zu dessen Abbau mit jedem einzelnen Stück auseinandersetzen möchte, muss dafür viel Energie und Zeit reservieren. Durchhaltevermögen inklusive. Es dauert einfach eine Weile und es müssen viele Entscheidungen getroffen werden. Sie erinnern sich: Bewusste Entscheidungen verbrauchen viel Energie. Vielleicht denken Sie dabei an den Nougathasen. Den schafft man auch nicht auf einen Sitz. Und wenn man es doch versucht, bleibt einem diese Erfahrung gut im Gedächtnis, um das Verhalten, das zur Übelkeit geführt hat, in Zukunft tunlichst zu vermeiden. Wir wollen aber in die andere Richtung: zu Erfahrungen, die das Erreichen eines Ziels möglich machen.

Die Klientin hat sich letztlich für die Politik der kleinen Schritte entschieden. Schritte in zweifelsfrei machbarer Größe und zu einem Zeitpunkt, der gut dafür geeignet ist. Der erste Schritt kann so klein sein, dass er – wie bei meiner Klientin – in die Kategorie „lächerlich“ fällt. Über „lächerlich“ freuen wir uns. Lächerlich ist super. Lächerlich macht keine Angst und lähmt nicht.

Wie ist es mit der Klientin weitergegangen? Auf der Suche nach einer Aufgabe, die für sie lächerlich einfach und daher ganz sicher machbar sein sollte, war es gar nicht der Kleiderschrank, sondern der Badezimmerschrank, mit dem sie beginnen wollte. Wir zerlegten auch diese Aufgabe in kleinste, „lächerliche“ Schritte, und nur einer davon war zu erledigen: ein Regal des Schranks abräumen, reinigen und wieder einräumen. Als besten Zeitpunkt wählte die Klientin den Sonntagnachmittag. Das sei der langweiligste Tag der Woche, da freue sie sich darauf, eine Aufgabe zu haben. Bei unserem nächsten Termin war die Klientin sehr zufrieden. Sie hatte sich an ihren Plan gehalten, das gesetzte Ziel erreicht und ein Regal gereinigt. Zusätzlich hatte sie mit großer Genugtuung drei leere Fläschchen und zwei Tiegel mit undefinierbarem Inhalt entsorgt. Das Regal war nun nicht nur sauber, sondern auch aufgeräumt. Es war der Wunsch nach Übersichtlichkeit, der für die Klientin wie ein Kompass wirkte. Sie entwickelte in weiterer Folge Zug um Zug ihre eigene Ordnung. Die kleinen Schritte der Marke „lächerlich" wurden im Laufe der Zeit größer, da sich die Erfahrungen mit dem Gefühl der Machbarkeit positiv auswirkten. Die Klientin hatte einen Aneignungsprozess begonnen, an dessen Ende die übersichtliche Wohnung stand. Wir machen uns nämlich das, wofür wir unsere Ordnung entwickeln, auf unsere Art, in unserem Tempo, zu unserer Zeit zu eigen. Je mehr diese Ordnung uns und unseren Bedürfnissen und Anforderungen entspricht, umso wohler fühlen wir uns. Dann fällt das Ordnunghalten auch leichter, ebenso ein Wunsch der Klientin. Der Bereich, für den wir unsere Ordnung entwickeln, wird dann zu unserem Territorium, für das unsere Regeln gelten.

Die Aufgabe, die wir in kleine Teile zerlegen, sollte im Übrigen so benannt werden, dass sie für uns handlungsauslösend wirkt. Das ist wiederum höchst individuell. Aufräumen und Ordnunghalten sind häufig genannte Ziele in der psychologischen Praxis. Sie sind aber sehr allgemein formuliert. Wir suchen daher in einem ersten Schritt stets nach dem Wunsch hinter dem Ziel mit dem ersten, leicht machbaren Schritt. Einer anderen Klientin war es beispielsweise ein Anliegen, jeden Morgen ihr Bett zu machen. Das gelang ihr allerdings selten und wenn, dann mit großem Widerwillen. Ein gemachtes Bett fand sie aber erstrebenswert, weil „schön". Wir befassten uns auch eine Weile mit den Emotionen und der Stimmung, die die Aufgabe begleiteten. Es stellte sich schnell heraus, dass die Klientin sich im Zusammenhang mit einem gemachten Bett in die Zeit ihrer rebellischen Teenagerjahre zurückversetzt fühlte, als sie das eigene Zimmer völlig anders gestaltet haben wollte als den Rest der elterlichen Wohnung, um es deutlich als „eigenes Reich", als

„eigenen Rückzugsort“ zu markieren. Nun lebte sie aber allein in einer Wohnung. Und dann hatte die Klientin ein Aha-Erlebnis. Sie erkannte, dass sie nun ja aus der Rebellion aussteigen konnte, weil sie mittlerweile zur Gänze über ein eigenes Reich verfügte, zu dem auch ihr Schlafzimmer gehörte.

Wie sah ihr erster Schritt in Richtung Wunscherfüllung aus? Eine Formulierung zu finden, die ihren Wunsch gut erfasste: Die Klientin wollte „ein erwachsenes Schlafzimmer“. Im Zuge dessen trennte sie sich gleich von der alten Bettwäsche. Das Zimmer erwachsen werden zu lassen bedeutete, es aufgeräumt und präsentabel zu gestalten und halten zu können, was der Klientin bald gut gelang. Einige Monate nach dem Ende unserer Zusammenarbeit schrieb sie mir, dass „das erwachsene Schlafzimmer einen Mann angezogen habe“. Dieser bliebe mittlerweile immer wieder über Nacht und sie sei sehr glücklich. Bevor wir nun rote Ohren bekommen oder uns mit der Anziehungskraft von Räumen beschäftigen: Für diesen Bonus kann ich wirklich nichts, für die Politik der kleinen Schritte schon.

Ein Klient wollte gerne „mehr Bewegung“ machen (ein sehr häufiges Anliegen, das ebenso häufig aufgeschoben wird), und zwar jeden Morgen vor der Arbeit. Hier haben wir unspezifische (mehr Bewegung) und spezifische Elemente (jeden Morgen vor der Arbeit). Analysieren wir diese nach der Machbarkeit und fangen dabei nicht bei den Details, sondern beim Bedürfnis an. Im Falle des Klienten beschäftigten wir uns zunächst mit „mehr Bewegung“. Es stellte sich heraus, dass der Klient sich gern bewegen wollte und dabei an Joggen gedacht hatte, daran aber – das ergab sich schon nach kurzem Nachfragen – eigentlich noch nie Gefallen gefunden hatte. Was er hingegen immer gerne gemacht hätte: mit seinen Kumpels Fußball zu spielen. Kontakt zu den mittlerweile ein wenig in die Jahre gekommenen Herren hätte er noch, nur Fußball würde nicht mehr gespielt. Schade eigentlich. Abgesehen davon, dass

Fußball eine Teamsportart ist und technisches Können braucht, geht es nicht ohne „Bombenkondition“ und das „gute alte Konditionstraining“. Das war der Begriff, der die Ohren des Klienten zum Klingeln brachte: das gute alte Konditionstraining. Jedes Paar Ohren ist natürlich anders. Konditionstraining klingt gut für das eine und schreckt das andere ab. Wichtig ist aber: Es sind unsere Ohren. Es ist unser Klingeln. Die Ohren des Klienten hatten sich bei „Konditionstraining“ gespitzt. Nun war ich mit dem Konditionstraining für Fußball nicht vertraut, aber der Klient war es. Und wie! Als erster Schritt bot sich an, den alten Trainingsplan, ich präzisiere: „Aufbautrainingsplan“ (das ist ein Trainingsplan für Spieler, die längere Zeit nicht gespielt haben, wurde ich aufgeklärt), auszugraben. Auf die Frage, ob dieser Schritt leicht machbar wäre, reagierte der Klient nahezu beleidigt: Das schaffe er „mit links“. Sehr gut! Der Schritt hatte also genau die richtige Größe.

Der Trainingsplan, den der Klient zur nächsten Sitzung mitbrachte, enthielt Trainingseinheiten wie „lockerer Waldlauf“ oder „Gleichgewichtsübungen“. Wir zerteilten den Plan in Schritte, die „mit links“ machbar waren und zum „guten alten Konditionstraining“ passten. Was der Klient noch mitbrachte, war der Song, zu dem die Mannschaft damals bei Matches auf den Platz gelaufen war. Als weiteren Schritt, der „mit links“ machbar war, legte er die Suche einer geeigneten Laufstrecke fest. Sobald diese gefunden war, stand zunächst das Abgehen der Strecke im Sportoutfit mit dem Match-Song im Ohr an. Ein weiterer „mit links machbarer“ kleiner Schritt. Von da war es nur ein weiterer kleiner Schritt zum sehr lockeren Waldlauf (1 Minute laufen, 1 Minute gehen ...). Der große Vorteil des Klienten: Er konnte auf viele gute Trainingserfahrungen und -pläne zurückgreifen und diese in der für ihn geeigneten Dosierung an die aktuellen Bedingungen anpassen. Wir könnten auch gelungene Ressourcenaktivierung dazu sagen.

In den Gesprächen mit Klient:innen frage ich, bevor die Entscheidung für einen (Teil-)Schritt fällt, immer wieder nach: Ist das machbar? Wie leicht ist das machbar? Als wie leicht würden Sie den Schritt einschätzen? Hier eine kleine Auswahl an Antworten, die in Richtung hohe Zuversicht bezüglich der Umsetzung zeigen und oft mit einer Geste (wir könnten auch Körper- oder Bodyfeedback dazu sagen, wie beispielsweise eine wegwerfende Handbewegung) einhergehen, die die eingeschätzte Leichtigkeit (oder auch Lächerlichkeit) des Unterfangens noch unterstreicht:

- Easy.
- Locker.
- Lächerlich einfach.
- Das mache ich mit links.
- Chillig.

Ich darf daran erinnern, dass Bilder, die wir im Kopf haben, bei aller Schönheit bisweilen nicht realisierbar sind. Wenn allerdings das Bedürfnis, der Wunsch dahinter verstanden wird und wir diesen in eine geeignete Umsetzungsform gießen, stellt sich Machbarkeit ein. Wenn auf dem Weg dorthin die Schritte auch „lächerlich klein" sein mögen, ist es dennoch ein verändertes Verhalten, das wir an den Tag legen. Und so ein Schritt wird am ehesten zum Selbstläufer, wenn er immer zur gleichen Zeit im gleichen Kontext erledigt wird. Auf „Chic" heißt das mittlerweile auch *Micro Habit*, falls Ihnen dieser Begriff einmal unterkommen sollte. Er ist auch sehr hilfreich, wenn wir in die Situation kommen, dass wir unseren Mitmenschen unsere Scheibchentaktik erklären sollen. Klient:innen, die einen Satz wie „Ich arbeite mit Micro Habits" sagen, fühlen sich für (neugierige bis lästige) Fragen gut gerüstet. Das sind sie dann auch.

Zuversicht

Die Politik der kleinen Schritte ist eine wunderbare Möglichkeit, zu große und daher unmöglich erscheinende Projekte jedweder Art der

Machbarkeit zuzuführen. In der psychologischen Praxis erlebe ich, dass die Schritte, die machbar sind, mit der Zeit größer werden. Unter uns gesagt, das müssen sie auch.

Wenn wir auf die gute alte Motivationspsychologie blicken und uns bei der Leistungsmotivation umsehen, stoßen wir auf zwei verschiedene Haltungen. Die eine heißt Erfolgszuversicht – da wollen wir hin. Die andere heißt Misserfolgsangst – damit möchten wir umgehen können oder sie vermeiden. Das können wir.

Misserfolgsangst	**Erfolgszuversicht**
Negative Grundstimmung	Positive Grundstimmung
Zu hohe Ziele	Realistische Ziele
Zu niedrige Ziele	Mittelschwere Aufgaben

Beginnen wir in der rechten Spalte der Tabelle, bei der Erfolgszuversicht. Mit der Erfahrung, dass Aufgaben machbar sind, weil wir sie beispielsweise in einzelne Schritte zerlegt (realistisches Ziel ✓) und erledigt haben, verzeichnen wir jedes Mal ein Erfolgserlebnis. Das stimmt uns positiv (✓). Betrachten wir nun die linke Spalte. Eine Aufgabe, deren Misserfolg wir bereits im Vorfeld fürchten, samt negativer Grundstimmung hat wenig Aussicht auf Erfolg. Wenn die Ziele zu hoch gesteckt sind, erwarten wir deren Erreichen gar nicht. Wenn sie zu niedrig gesteckt sind, lösen sie ein (zu) geringes Belohnungsgefühl aus. Daher müssen unsere Schritte (mit der Zeit) immer größer werden und parallel dazu stets machbar bleiben (mittelschwere Aufgaben ✓). Wenn wir wiederholt Erfahrungen von Machbarkeit sammeln, schlägt sich das positiv auf unsere Stimmung nieder (✓). Und eine positive Grundstimmung ist auch laut Motivationspsychologie eine Voraussetzung dafür, dass wir ein Ziel erreichen.

Das Anpeilen eines realistischen Ziels als erfolgversprechenden Faktor kennen wir ja schon aus dem Flow-Kapitel (siehe Seite 108). Die Politik der kleinen Schritte hilft uns beim Portionieren in Richtung „realistisch“. Realistisch bedeutet ja im Endeffekt „machbar“. Und die Machbarkeit oder der Schwierigkeitsgrad einer Aufgabe verändert sich bei erfolgreicher Umsetzung. Daher ändert sich auch, wann eine Aufgabe für uns mittelschwer ist. Wir merken bald, wenn uns etwas zu leicht fällt. Es stellt sich kein Belohnungsgefühl (mehr) ein. Das wollen wir aber. Es fühlt sich nämlich gut an. Also erhöhen wir (langsam und bedacht) den Schwierigkeitsgrad. Und schaffen so wieder die Erfahrung, einen Erfolg eingefahren zu haben, den wir uns selbst zuschreiben können. Das motiviert und stimmt für zukünftige Aufgaben zuversichtlich. Wir wissen ja, dass unser Gehirn entwicklungsfähig beziehungsweise neuroplastisch ist. Wenn wir also einmal etwas geschafft haben, schaffen wir es auch wieder. Und wieder. Wir können uns auf uns selbst verlassen. Da können wir ganz (erfolgs-)zuversichtlich sein.

Sport

Sport wird oft aufgeschoben, obwohl er ein sehr positives Image hat. Hier ein paar überzeugende Argumente, die ich sehr oft in meiner Praxis höre: „Sport ist gesund.“ Stimmt. „Man sollte mehr Sport machen.“ Das ist wahr. „Ich sitze den ganzen Tag, deshalb sollte ich mehr Sport treiben.“ Keine Einwände. „Ich möchte gerne abnehmen, dafür sollte ich mehr Sport machen.“ Okay. Diese Argumente führen bei aller Vernunft aber nicht dazu, dass wir in die Gänge kommen. Das ist nämlich eine emotionale Angelegenheit. So wie bei meinem Klienten, der meinte, er sollte joggen gehen, und das mit unverhohlenem Widerwillen gegen diese Aktivität (siehe Seite 125). Er ist dann ja beim Konditionstraining gelandet. Dazu ein Update: Es geht ihm sehr gut damit und er hat sogar ein paar seiner alten Fußballkumpels zusammengetrommelt. Jetzt trainieren sie wieder regelmäßig gemeinsam. Das ist gut, weil an kollektive positive Erfahrungen angeknüpft werden kann. Es müssen also keine neuen Verbindungen in den Sportlergehirnen geschaffen, sondern es muss nur ein bereits vorhandener Weg von Unkraut befreit werden. Das benötigt weniger Energie als ganz neue Wege zu gehen und erhöht die Wahrscheinlichkeit der Umsetzung.

Die Formulierung des geplanten Unterfangens ist auch wichtig. Mit „Joggen“ ging gar nichts. Das war als „blöd“ etikettiert, Vermeidungsverhalten war vorprogrammiert. Obwohl ein lockerer Waldlauf auch Joggen mit Bäumen rundherum ist, liegen emotional Welten dazwischen. Ganz wunderbar ist das gute alte Konditionstraining. Woran wir das erkennen? Es findet statt. Immer am Samstagvormittag. Immer zur gleichen Uhrzeit. Bei jedem Wetter. „Absagen nur im Todesfall“, so der Klient, der zusätzlich den Faktor „Kontext“ gut nutzt. Das heißt, er hat einen Rahmen für das gewünschte Verhalten entworfen, aus dem er und seine Kumpels schwer rauskommen. Schlau! Eventuelle Unlust hat aufgrund einer festen Verabredung wenig Chancen sich durchzusetzen. Sie kennen das ja: Wenn wir schon einmal da sind oder angefangen haben, der erste Schritt also getan ist, geht es meist gut dahin. In Gesellschaft, auf die wir uns freuen und in der wir uns wohlfühlen, umso mehr. Weil man ja nicht nur trainiert, sondern sich auch austauscht. Als soziale Lebewesen, die wir sind, brauchen wir das wie die Luft zum Atmen. Positive Stimmungsmacher, so weit das Auge reicht. Klienten- und Kumpelgehirne registrieren „gut gewesen“ und speichern „wieder machen“. Super.

Ein Bücherwurm zu Land und im Wasser

Mir ist irgendwann auch „der Knopf aufgegangen“. Unerwartet. Wenn Sie mich fragen würden, ob ich mich selbst als sportliche Person sehe, würde ich das verneinen. Wenn Sie Familie und Freund:innen fragen, würden Sie das Gegenteil hören. Mir ist nämlich gar nicht (mehr) bewusst, dass ich mich sportlich betätige. Weil es bei mir nicht „Sport“ heißt. So wie mein Klient, der mit „Joggen“ nichts anfangen konnte, hat „Sport“ bei mir auch nie etwas ausgelöst. Genauer: nichts Positives. Eigentlich habe ich zu diesem Begriff durchwegs negative Assoziationen, vermutlich basierend auf Erinnerungen an stinkige Schul-Turnsäle oder Fitnessstunden mit strengen Trainern, die Keuchen und schmerzende Gelenke zur Folge hatten. Ich habe nämlich ein Knie, das pfleglich behandelt werden will. Bei zu viel oder falscher Belastung protestiert es. Recht hat es! Sport war also mit „stinkt", „unfreundlich" und „schmerzhaft" abgespeichert. Unter dem Strich also „schlecht gewesen". Das einzig logische Signal des für mich zuständigen Body-Managements: „bleiben lassen". Aber dann.

An einem langen Wochenende wurde ich zu einem Wellnessaufenthalt „entführt". Schöne Entführung, ich hatte keinerlei Einwände. Als ausgewiesener Bücherwurm füllte ich meinen Koffer zu 7/8 mit zu lesenden Werken. Ich nahm ein paar psychologische, ein paar philosophische und ein paar ganz und gar nicht wissenschaftliche Wälzer mit. Weil ich nicht wusste, wie Wellnessen eigentlich funktioniert, und um eventueller Langeweile vorzubeugen. So vorbereitet, konnte ich leichten Herzens, weil gut gerüstet, starten. Beschwert hat sich mein Mann, der den mit Büchern gefüllten Koffer – weil Gentleman – treppab und treppauf schleppte.

Am Ort der Entführung war gleich einmal alles fein. Ein Gepäckwagen und ein Aufzug machten meinen Mann glücklich. Die uns empfangenden Mitarbeiter:innen waren sehr freundlich, die ganze Wellnessanlage war hell und luftig, die Zimmer waren gemütlich und geräumig, der Ausblick aus dem Fenster war schön. Einen Balkon gab's auch! Nach meiner Inspektion des Zimmers entdeckte ich auf einem Kissen des Bettes unter einem Schokobonbon einen schön gestalteten Flyer, auf dem „Aktivitätsangebot" stand. Aktivität? Ich dachte, hier wird hauptsächlich gelegen und geruht? Sie merken, ich hatte mir in Ermangelung einer eigenen Erfahrung eine aus der Literatur ausgeborgt und „Wellness" mit „Liegekur" à la „Zauberberg" von Thomas Mann gleichgesetzt. Unbewusst. Aber siehe da, es gab ein Aktivitätsangebot. Angebot, nicht Programm. Angebot: gut. Programm: schlecht. Für mich und mein Management.

Zum Angebot. Da stand beispielsweise, dass man täglich um 10 Uhr mit einer Sportpädagogin und Gleichgesinnten in gemütlichem Tempo mit Nordic-Walking-Stöcken auf idyllischen Waldwegen unterwegs sein konnte. Die Stöcke würden zur Verfügung gestellt. Ich hatte das noch nie gemacht, aber es las sich gut. Im Nachhinein betrachtet, war es die Machbarkeit des Unterfangens (gemütlich) in Kombination mit der Aussicht auf nette Gesellschaft (soziale Komponente) und weichen Waldboden (Okay von meinem Knie) mit sportpädagogischer Begleitung (Sicherheit).

Als ich am nächsten Vormittag auf die anderen Nordic-Walking-Willigen und die Sportpädagogin traf, gab es zunächst ein großes Hallo und einen Erklärungsbedarf meinerseits. In Ermangelung eines angemessenen Sportoutfits (in meinem Koffer hatte ich nichts Passendes, der war ja mit Büchern voll) trug ich ein T-Shirt, die langen Badeshorts meines Mannes, eine seiner Sportkappen, eine seiner ärmellosen Daunenwesten und ein Paar seiner Sportsocken, die mir fast bis zu den Knien reichten. Kurz, ich sah in den übergroßen Klamotten aus wie ein verirrter Freizeit-Rapper. Aber das machte nichts! Man freute sich einfach, dass ich da war und einen netten Mann hatte, der mich aus seinem Fundus ausgestattet hatte. Eine sehr wohlwollende Interpretation meiner Erscheinung. Gleich kümmerte man sich auch hilfsbereit darum, dass jede:r Stöcke in der passenden Höhe bekam. Anschließend gab es eine kurze professionelle Einführung ins Nordic Walking und eine lockere Aufwärmrunde, und schon stapften wir plaudernd und lachend in den Wald. Das habe ich dann jeden Tag meines Aufenthalts gemacht. Weil „gut gewesen".

Zurück zu Hause, habe ich mir Stöcke zum Geburtstag gewünscht und bin einfach losmarschiert. Nach einiger Zeit marschierte mein Mann auch mit. Ohne Stöcke. Die mag er nicht. Auch gut. Ich habe die schöne Erlebniskombi des Wochenendes in meinen Alltag mitgenommen. Nordic Walking ist dort wie hier machbar, samt netter Gesellschaft und ohne großartigen Leistungsanspruch. Irgendwann habe ich dann begonnen, alle meine Wege, auch zu beruflichen Terminen, so zu planen, dass ich möglichst viel zu Fuß erledigen kann. Da habe ich natürlich keine Stöcke dabei, trage seit damals aber immer Sneakers, die auch zu einem professionellen Outfit passen.

Damit aber noch nicht genug der sportlichen Knöpfe, die mir an jenem Wochenende aufgegangen sind. Weil das Bewegen im Wald mit den netten Menschen so fein war, war ich neugierig, ob das Aktivitätsangebot vielleicht noch etwas für mich in petto hätte. Positive Erlebnisse auf einem Gebiet haben nämlich die Tendenz, auf ein verwandtes Gebiet ansteckend zu wirken. Siehe Nordic Walking und alles, was möglich ist, auch im Alltag zu Fuß zu erledigen.

Was mich in besagtem Angebot regelrecht ansprang, war „Aqua Zumba“. Ich bin gern im Wasser, ich mag Musik und hopse gern dazu in der Gegend herum. Positiv und positiv und positiv ergab ein Annäherungsverhalten, sprich die Teilnahme an meiner ersten Aqua-Zumba-Einheit. Diese dauerte 45 Minuten. Am nächsten Tag hatte ich einen Ganzkörper-Muskelkater. Wie kann Bewegung im Wasser so anstrengend sein? Aber auch so lustvoll? Im Übrigen ging es meinen Gelenken trotz Laufens, Drehens und Springens prächtig. Es ging mir von Kopf bis Fuß prächtig. Das wollte ich wieder haben. Das machte ich dann auch jeden Tag. Was kommt eigentlich heraus, wenn man einen Bücherwurm mit einer Wasserratte kreuzt? Eine Bücherratte oder ein Wasserwurm?

Zurück in Wien, suchte ich nach Angeboten von „Aqua Zumba“. Fehlanzeige. Gab es nicht. Na gut. Wenn es das Optimum nicht gibt, gibt es vielleicht eine Option, die dem nahekommt, was ich suche, also freundvoll im Wasser zu tanzen. In der Nähe. Am besten mit Minimalaufwand machbar. Sonst wird das nichts. Wenn nicht ideal, dann bitte so machbar wie möglich, dann ist die Wahrscheinlichkeit der Durchführung größer.

Fündig wurde ich schließlich in einem in die Jahre gekommenen, aber nahegelegenen Hallenbad, das „Wassergymnastik" im Programm hatte. Das hatte zugegebenermaßen einen völlig anderen Vibe als „Aqua Zumba". Meine inneren Bilder dazu bewegten sich zwischen Synchronschwimmen und vor sich hin plantschenden älteren Herrschaften mit Badekappen. Die optische Wahrheit lag in der Mitte, die emotionale sah ganz anders aus. Ich wurde nämlich freundlich in die Gemeinschaft der ausschließlich weiblichen Wassernixen aufgenommen, in deren Altersskala ich tatsächlich am unteren Ende rangiere. Badekappen tragen wir fast alle, geplanscht wird definitiv nicht. Es spielt nämlich flotte Musik aus den Lautsprechern. Immer Oldies, das ist manchmal schräg, aber zu denen strampeln wir uns mit ordentlichem Tempo unter fachkundiger Anleitung einer Trainerin mit Adleraugen ab. Es ist entschieden kein Altdamenprogramm. Wenn sich der eine oder andere Herr zu uns verirrt und meint, es wäre so einfach, wie es aussehen soll, verbringt er von den 50 Minuten Powerprogramm die meiste Zeit unter statt über Wasser. Und kommt nie wieder. Mittlerweile habe ich mich übrigens schlau gemacht und weiß, dass es für Wassergymnastik durchgehende Körperspannung samt aktiver Tiefenmuskulatur braucht. Das macht es so anstrengend, aber auch so wirksam. Die Ladies sind nicht von ungefähr alle in sichtbarer Topform.

Nur nichts anderes machen

Ob wir einen Artikel abgeben, eine Seminararbeit fertigstellen oder ein E-Mail schreiben müssen – wir können Anleihen bei berühmten Autoren nehmen. Unabhängig voneinander haben Vielschreiber wie Raymond Chandler, der Sir des Hardboiled-Kriminalromans, und Steven King, der Master of Horror, verraten, wie sie „ins Schreiben kommen". Man setze sich jeden Morgen zu einer festgelegten Zeit an den Computer (und schalte alle Benachrichtigungssignale aus!) oder – wie anno dazumal bei Chandler – an die Schreibmaschine. Und dann? Dann wird's spektakulär. Es wird nämlich geschrieben. Oder auch nicht. Aber auf keinen Fall rühren wir uns in der Zeit, die wir für das Schreiben reserviert haben, vom Fleck. Eventuell schauen wir in die Luft oder kauen an unseren Fingernägeln. Egal. Komme, was wolle, es wird auf den werten vier Buchstaben sitzengeblieben. Das funktioniert öfter und besser, als man glauben mag. Auch bei Kindern, Jugendlichen und Studierenden. Die fangen dann einfach aus lauter Langeweile an, ihre Hausübungen zu machen oder zu lernen. Alles schon erlebt. Die Voraussetzung dafür ist allerdings: keinerlei Aktivitäten anderer Art. Das ist der Deal. Ohne diesen Deal funktioniert es nicht.

Eltern und Erziehende sind oft baff, wenn ich ihnen von diesem Ansatz erzähle, was ich mit Ergebnissen einer Untersuchung an einer US-Universität noch toppen kann. In einem Versuch wurde Proband:innen jedwede Möglichkeit der Ablenkung genommen. Natürlich wurden ihnen auch ihre digitalen Devices abgeknöpft, bevor sie in einen recht sterilen Raum geführt wurden. In dem mussten sie warten. Sonst nichts. Nur warten. Es gab nichts zu tun. Was sich allerdings noch in dem Raum befand, war ein Gerät, mit dem man sich selbst Stromstöße verabreichen konnte. Erstaunlicherweise wählten in etwa ein Viertel der weiblichen und zwei Drittel der männlichen Teilnehmenden die Option „Stromstöße" als Alternative zum schlichten Nichtstun. Freiwillig. Wiederholt. Obwohl durchaus unangenehm. Alles war offenbar besser als Langeweile. Wenn Sie also bei Chandler und King Anleihen nehmen wollen, nur zu! Ich mache das auch immer wieder. Das mit den Stromstößen lasse ich. Da schaue ich lieber in die Luft. Meist fällt mir dann auch etwas ein.

Doch etwas anderes: Aufgaben-Ping-Pong

Wenn wir eine Aufgabe erledigen sollten und das nicht tun, machen wir stattdessen meist nicht nichts. Um Kröten auszuweichen und schwarze Wolken zu vertreiben, tun wir möglicherweise eine ganze Menge. Nur nicht das, was wir sollten. Statt „nur nichts anderes" könnten wir dann Aufgaben-Ping-Pong machen. Dafür kann die Tabelle zur Priorisierung von Aufgaben nach Eisenhower oder das Raster aus dem Flow-Kapitel (siehe Seite 39f., 111) hilfreich sein. Wir nominieren entweder lästige, leicht unangenehme Tätigkeiten, die wir selbst erledigen wollen (Eisenhower), oder welche, die langweilig sind *(no flow)*, um Aufgaben-Ping-Pong auszuprobieren.

Pong

In vielen Situationen habe ich gelernt, geduldig zu sein. Warten gehört aber immer noch nicht zu meinen Stärken. Das zeigt sich beispielsweise an meinem Wunsch nach einer Kanne Tee und dessen Umsetzung.

Ein Tag beginnt für mich mit einem doppelten Espresso. Kein Espresso, kein Tag. Das mit dem Espresso ist easy. Den macht eine Maschine. Ich muss – wenn alles gut geht – nur auf einen Knopf drücken. Kurz, schnell, schwarz. Womöglich hat mir das Selbst des Vorabends die Tasse bereitgestellt und alles rund um einen reibungslosen Kaffeemaschinenbetrieb geregelt. Total nett! *High five!* Danke! Wenn das Wasser fehlt oder der Kaffee leer ist, kann man mich schon aus der Küche knurren hören, weil ich es der Maschine ankreide, dass sie nicht tut, was sie soll. Sehr logisch, gar nicht emotional. Wenn sie mir auf einen Knopfdruck gibt, was ich will, ist alles gut. Auch sehr logisch, auch nicht emotional. Damit der Tag gut weitergeht, brauche ich dann eine Kanne Kräutertee. Keine große Sache eigentlich. Die Wartezeit bei der Zubereitung nervt mich aber und so fange ich gleich gar nicht damit an. Womöglich rede ich mir den guten Tee dann auch noch aus: „Brauch ich eh nicht“, „Es geht auch ohne …“. Stimmt. Aber ich ärgere mich dann auch mit mir. Den Tee hätte ich nämlich schon gerne. Am besten sofort und nicht später. Aber ich möchte ihn nicht machen. Um mir meinen Teewunsch zu erfüllen, habe ich mir daher angewöhnt, ein paar Aufgaben in petto zu haben, die zwar auch nicht zu meinen Favoriten gehören, aber einfach und schnell erledigt sind und dadurch eine zeitnahe Belohnung versprechen. Nur so wird das etwas mit dem Tee (Ping). Ich brauche ein Pong.

In mir drin sieht es ungefähr so aus:

⇑ Kanne Tee!

⇓ Zubereiten. Langweilig. Mühsam. Öd. Unnötig.

⇑ Möchte ich haben! (Ping)

⇑ Pong!

⇑ Etwas Einfaches! Das erledigt werden muss. Das ich kann. Machbare Dosis! 4 Stück Wäsche falten.

⇑ Ping-Pong: Wasser aufstellen, Teeblätter ins Teesieb geben, 4 Stück Wäsche falten, Tee aufgießen, Teeuhr stellen, gefaltete Wäsche verstauen, Tee in die Tasse füllen.

⇑⇑ Machbar!

🏆 Gefühlslage: Heldin.

Das Beispiel ist absichtlich trivial gestaltet, solche Dinge können sich aber im Alltag zu einem Stachel auswachsen. Wenn mehrere Stacheln zusammenkommen, formieren sie sich zu einem Igelbällchen, das mir dann im Magen liegt. Und sticht. Vor allem aufgrund des Ärgers über mich selbst. Besser: Heldinnenstatus und Ping-Pong.

Mit dem Aufgaben-Ping-Pong erwischen wir gleich ein paar Umsetzung versprechende Faktoren. Es beginnt mit dem spielerischen Zugang, der laut sozialpsychologischer Forschung die Erledigung einer Aufgabe wahrscheinlicher macht. Der *fun factor* macht hier den Unterschied. Er sorgt für positive Stimmung. Mittels Ping-Pong setzen wir uns im Übrigen ein Ziel, verändern die Herausforderung und verleihen Aufgaben eine Bedeutung. Wenn wir noch eins draufsetzen wollten, könnten wir mir beim Tee-Wäsche-Ping-Pong noch einen Wettbewerb vorschlagen. Dafür müsste ich beispielsweise so viele Stück Wäsche wie möglich falten. Die Teeuhr könnte als Start- und Stopp-Signal dienen. Mit oder ohne zusätzliche Challenge – Hauptsache, der Tee ist fertig, die Wäsche eingeräumt und der Held:innenstatus erreicht.

Gestatten Sie mir an dieser Stelle noch einen Gebrauchshinweis. Es empfiehlt sich, nur zwei Aufgaben für unser Ping-Pong auszuwählen. Sie kennen das ja: Je mehr Möglichkeiten wir haben, desto mehr (Entscheidungs-)Energie verbraten wir, die wir aber für die erfolgreiche Umsetzung brauchen. Machen wir es uns also von Anfang an leichter und bleiben bei zwei Aufgaben. So sparen wir Energie. In meinem Fall: Während ich auf den Tee warte, falte ich ein paar Stück Wäsche. Vielleicht krähe ich auch noch bei meinem Lieblingssong mit. Wegen dem *fun factor*. Für mich. Für meine Mitmenschen weniger.

Verknüpfungen

Im Laufe der Zeit habe ich so oft Tee zubereitet und Wäsche gefaltet, dass sich die beiden Tätigkeiten via Ping-Pong verknüpft haben. Unser Gehirn kann gar nicht anders, weil Neuronen (Nervenzellen), die gleichzeitig „feuern“, sich verknüpfen.

Wenn wir auf diese Welt kommen, haben wir eine große Menge von zufälligen neuronalen Verbindungen in unserem Gehirn. Im Lauf der Zeit formt sich unser Denkvermögen anhand der Erfahrungen, die wir machen. Verbindungen, die im Gehirn aktiviert werden, weil sie zu den gemachten Erfahrungen passen, werden gestärkt. Andere werden geschwächt. Über die winzigen Lücken zwischen zwei Nervenzellen, die Synapsen, wird die Botschaft von Nervenzelle zu Nervenzelle weitergeleitet. Je häufiger eine Synapse genutzt wird, umso mehr chemische Rezeptoren für Neurotransmitter (Botenstoffe) wandern zu dieser Synapse. Je mehr, desto leichter werden Neuronen aktiviert.

Wenn zwei Bereiche im Gehirn gleichzeitig aktiv sind, tendieren sie dazu, sich neuronal zu verknüpfen: Sie feuern gemeinsam und verdrahten sich. Je häufiger eine Verknüpfung aktiviert wird, umso stärker wird die Verbindung. Neuro-Ping-Pong eigentlich. Das ist gar nicht so theoretisch, wie es sich liest. Sicher haben wir schon einmal einen Menschen, der uns gut behandelt hat, der freundlich und zugewandt war, als warmherzig bezeichnet. Das Verhalten eines Menschen, den wir kaltherzig nennen würden, können wir uns auch gut vorstellen. Hinter dem sofortigen Verstehen, was einen warmherzigen von einem kaltherzigen Menschen unterscheidet, steckt eine Verknüpfung, die (unter anderem) auf unsere physische Erfahrung Nähe plus Wärme, Distanz plus Kälte zurückgeht. Wir haben diese Verbindungen gelernt. Das erzähle ich Ihnen nicht nur, weil es sehr interessant ist, sondern auch, um Ihnen und mir zu erklären, dass ich in meinem Alltag beim Wäschefalten den Drang verspüren kann, mir eine Kanne Tee zuzubereiten. Diese Verknüpfung habe ich zwar nicht bewusst gesucht, aber es gibt Schlimmeres. Was ich sehr wohl angestrebt habe, ist die Erfahrung, dass die Zubereitung meines Tees in der Früh machbar ist. Diese beschert mir den Bonus, dass ich Wäschefalten gar nicht mehr so schlimm finde. Hier wurde eine Lernleistung erbracht.

Verstehen Sie mich bitte richtig: Es geht nicht um eine Held:innentat, die andere, ohne große Überlegungen anstellen zu müssen, jeden Tag ein paar Mal hinbekommen. Es geht um eine Dynamik, die für den Alltag gut nutzbar ist. Wenn wir eine Erfahrung machen und eine positive Bedeutung damit verknüpfen, speichern wir das auch so ab. Wenn wir das dann ein paar Mal in Folge schaffen, verliert das Falten seinen Schrecken und die Teezubereitung ihre Fadesse. Tee und Wäsche werden durch das Aufgaben-Ping-Pong von „lästig“ auf „machbar“ umetikettiert.

Ein erfolgreiches Duo: Machbarkeit und Aufgaben-Ping-Pong

Was oft liegen bleibt, sind zu bezahlende Rechnungen. Oder zu öffnende Briefe. Weil eventuell Rechnungen darin vermutet werden, die zu bezahlen sind. Das Bezahlen geht zwar sehr einfach mit dem Handy oder Computer, trotzdem können Überweisungen mit ordentlich Schwitzen, Fluchen und Hirnschmalzverbrauch einhergehen. Weil wir sie selbst machen müssen. Das machen nicht die freundlichen Mitarbeiter:innen aus der Werbung für uns. Mit Mehrfachauthentifizierung und Pins und Kennwörtern und Pushs und Tans. Wenn das nicht alles reibungslos funktioniert, wir ein Kennwort nicht abgespeichert haben oder das Smartphone gerade wenig Akku hat, verbrauchen wir ordentlich Energie. Das wirkt sich nicht unbedingt positiv auf unsere Stimmung aus. Zudem müssen wir uns auch noch von hart erarbeitetem Geld trennen. Studienergebnisse haben gezeigt, dass dasselbe Areal im Gehirn aktiv ist, wenn wir uns von Geld trennen und wenn in einen unserer Zähne gebohrt wird. Beides schmerzt. Nachweislich. Für diesen Schmerz erhalten wir keinen Ausgleich in Form einer angemessenen Belohnung, kein entsprechendes Gegengewicht, kein Quidproquo. Wenn das Quo von uns als zu gering empfunden wird, können wir dem Quid wenig abgewinnen. Die Aufgabe muss aber erledigt werden. Daher – so viel wissen wir nun schon – ist es hilfreich, das große Ziel in Teilschritte zu zerlegen. Das mache ich, das macht meine Freundin und das machen auch viele Klient:innen. Alle klopfen wir einen großen, unsympathischen Klumpen in kleine Klümpchen. Das macht den Widerstand handhabbar, um mit den nun kleineren Übeln fristgerecht fertig zu werden. Und dann hätten wir auch noch das Aufgaben-Ping-Pong als Verstärkung. Aus der Praxis kann ich berichteten, dass es interessanterweise besonders gut mit Tätigkeiten funktioniert, die an unterschiedlichen Orten zu erledigen sind und dass Hausarbeiten für das Pong besonders beliebt sind. Also am Schreibtisch die Unterlagen eines Quartals sortieren, eine Überweisung machen, einen Anruf erledigen, einen Arzttermin ausmachen (Ping) und dann in der Küche den Geschirrspüler ausräumen (Pong). Oder auf dem Sofa ein Kapitel des Buches lernen und ein Regal im Bad putzen. Oder fünf E-Mails am Computer beantworten und anderenorts fünf Liegestütze machen. Sie haben sicher bemerkt, dass die angeführten Pings allesamt kognitiv anstrengend, die Pongs hingegen weniger anstrengend sind und so den Effekt der Erholung mit sich bringen.

Es geht aber auch umgekehrt. Wenn ich eine vorher festgelegte, leicht machbare Menge Wäsche bügeln muss, freue ich mich fast auf eine Kostenabrechnung, die ich als Pong auserkoren habe – sie bewahrt mich vor Langeweile. In diesem Setting.

Viele meiner Klient:innen fertigen sich Listen mit für Ping und Pong geeigneten Aufgaben an, damit sie nicht lange überlegen müssen, welche Paarungen gut zusammenpassen und womit sie am besten beginnen sollen. Für die Machbarkeit der Ping-Pong-Kombination darf ich daran erinnern, dass beide Tätigkeiten nicht unangenehm sein müssen, aber dürfen, und erledigt sein wollen.

Aus Gründen des Energiemanagements kann auch nur eine davon kognitiv anstrengend sein. Das ist aber individuell handhabbar. Denn Studierende berichten beispielsweise, dass sie oft besser beim Lernen vorankommen, wenn sie die Gebiete wechseln: ein Kapitel aus einem Lehrbuch, eines aus einem anderen. Lern-Ping-Pong sozusagen.

Klient:innen, die mit Ping-Pong-Listen arbeiten, berichten mir, dass sie schon nach kurzer Zeit ein gutes Gefühl dafür entwickeln, welche Aufgaben in Teilschritte zerlegt werden wollen, um machbar zu werden.

PING	Anzahl/Menge/ Einheit/Teilschritte	PONG	Anzahl/Menge/ Einheit/Teilschritte
Rechnungen bezahlen	2	Geschirrspüler ausräumen	1 Song lang
Arzttermin ausmachen	Entscheiden, ob telefonisch oder per Mail Ordinationszeiten eruieren Kalender griffbereit haben Anrufen oder Mail schreiben	Fenster putzen	Fensterbrett Fenster innen Fenster außen
Mails beantworten	1	Staub wischen	Vorraum Schlafzimmer Wohnzimmer Bad
Lernen	5 Seiten	Regale putzen	Vorraum Schlafzimmer Wohnzimmer Bad
Konzept erarbeiten	Deckblatt Inhaltsverzeichnis Gliederung Inhalte ungefiltert einfüllen Inhalte überarbeiten Zusammenfassung	Bügeln	Bügelbrett aufstellen Bügeleisen mit Wasser füllen 4 Stück Wäsche bügeln

Diese Tabelle zeigt die „Ping-Pong-Matrix", die eine Klientin angefertigt hat. Sie hat davon ein Exemplar am Kühlschrank und eines in ihrer Tasche. Es ist eine „Matrix *in progress*" – ihre Worte, nicht meine. Es kommt nämlich immer wieder etwas dazu. Ich unterstütze den Ansatz der Verschriftlichung der Ideen. Wir kennen das ja: Wir sind fest davon überzeugt, dass wir uns eine Idee merken werden, und dennoch entwischt sie uns in die Tiefen unseres Gedächtnisses.

Sie sehen anhand dieser Matrix sehr gut, dass sowohl Ping- als auch Pong-Aufgaben in Einheiten zerlegt werden können, sodass sie machbar werden. Die Größe oder Kleinheit ist nicht das Kriterium, sondern die Frage nach dem Weg zum Ziel. Dieser ist natürlich wieder höchst individuell. Die Wahl von Pings und Pongs ebenso, die natürlich kreuz und quer kombiniert werden können.

Wir beginnen mit einem Teilschritt (Ping), der erledigbar ist. Das gibt uns einen positiven Stubs. Wir bleiben auch nur so lange bei dieser Aufgabe, wie wir mit uns selbst davor ausgemacht haben. Vorgenommen, erreicht, fertig. Dann gehen wir zum Teilschritt der anderen Aufgabe (Pong). Die ist auch nicht lustig, aber wenigstens an einem anderen Ort und von anderer Art. Das macht sie angenehmer. Auch hier bleiben wir nur so lange, wie von uns festgelegt.

Worauf wir allerdings wirklich achten müssen, ist, dass wir uns beim Aufgaben-Ping-Pong nicht selbst austricksen. Das heißt, wir bleiben bei unserem Pensum, auch wenn es uns anfangs lächerlich klein erscheint. Die Auswahl der Aufgaben respektive die Paarung sollte auch dergestalt sein, dass wir nicht eine von beiden bleiben lassen. Weil wir ja eine ganz bestimmte Erfahrung machen wollen: dass es machbar ist. Und dann freuen wir uns.

Achtsamkeit

Achtsam ist ein Wort, das wir im Alltag nicht oft verwenden. Falls doch, dann vielleicht am ehesten, wenn wir von jemandem einfordern, mit etwas oder auch uns mit vorsichtiger und sorgsamer umzugehen. In der Psychologie verstehen wir unter Achtsamkeit eine besondere Form von introspektiver, also nach innen gerichteter Aufmerksamkeit. Ein übergeordnetes Ziel angewandter Achtsamkeit liegt darin, den gegenwärtigen Moment bewusst(er) wahrzunehmen und die Situation, in der wir uns befinden, nicht sofort beziehungsweise nicht automatisch und damit wie gewohnt zu bewerten. Nur wahrnehmen. Das ist anfangs wahrscheinlich ungewohnt, hat vielleicht eine nüchterne oder ruhige Anmutung, ist aber mit ein wenig Übung machbar. Es gibt viele gute Achtsamkeitsübungen. Wir können beispielsweise (gleich hier und jetzt) damit beginnen, unseren Fußsohlen auf dem Boden nachzuspüren. Oder wir konzentrieren uns auf unsere Atmung. Oder wir achten nur auf die Geräusche der Umgebung. Nur darauf. Nur wahrnehmen. Sonst nichts. Auch nicht bewerten. Unsere Aufmerksamkeit will vielleicht auf Wanderschaft gehen und wir möchten vieles denken. Das macht nichts. Wir lassen die Gedanken ziehen und holen unsere Aufmerksamkeit einfach immer wieder freundlich dorthin zurück, wo wir sie gerne haben möchten. Falls das nicht so leicht gelingt, können wir auch beherzter vorgehen. Wir denken „Stopp!“ und geben uns damit selbst ein entschlossenes Signal zur Neuausrichtung. Wir schreien uns in Gedanken dabei aber nicht an. Wir sind entschlossen, bleiben aber freundlich und geduldig.

Aus psychologischer Sicht streben wir mit Achtsamkeit einen zeitlichen Abstand zwischen Reiz und Reaktion an. Diese Abfolge ist, wie wir bereits wissen, schnell und automatisch. Studien aus der Hirnforschung haben viele positive Effekte von Achtsamkeit nachgewiesen, wie zum

Beispiel, dass sie, weil wir unsere Aufmerksamkeit eben bewusst steuern, verbesserte Informationsverarbeitung, weniger Abschweifen und mehr Emotionskontrolle zur Folge hat. Das können wir alles sehr gut brauchen.

Es sei an dieser Stelle noch einmal betont, dass Achtsamkeit ein innerer Prozess ist, für den wir uns bewusst entscheiden und bei dem wir mit uns selbst freundlich, geduldig und vielleicht sogar liebevoll umgehen. Aus dieser Haltung heraus steuern wir unsere Aufmerksamkeit. Wie immer gilt, dass wir dabei kreativ werden dürfen; wir können mit Neugierde etwas Neues oder anderes ausprobieren. Spaß ist im Übrigen auch nicht verboten. Ganz im Gegenteil. Apropos.

An den Atem erinnern

Gestatten Sie mir eine Anmerkung zur Atmung. Wenn wir unsere Aufmerksamkeit auf unsere Atmung lenken, ist es sehr wahrscheinlich, dass sie sich, ohne dass wir es beabsichtigen, verlangsamt, tiefer wird und wir auch insgesamt ruhiger werden. Ich mache das gerne einfach so zwischendurch. Ohne Erwartungshaltung, nur wahrnehmend. Wenn es gelingt, ist das für mich wie ein Kurzurlaub im Alltag. Damit ich nicht darauf vergesse, habe ich mir grünen Punkt auf meinen Computer geklebt. Weil die in diesem hin- und hersausenden E-Mails oftmals Quelle einer Beschleunigung sind, die mir nicht guttut. Auch beim Anblick von sich ansammelnden E-Mails hilft mir der grüne Punkt, mich an mich und meine Atmung zu erinnern. Und Amphi.

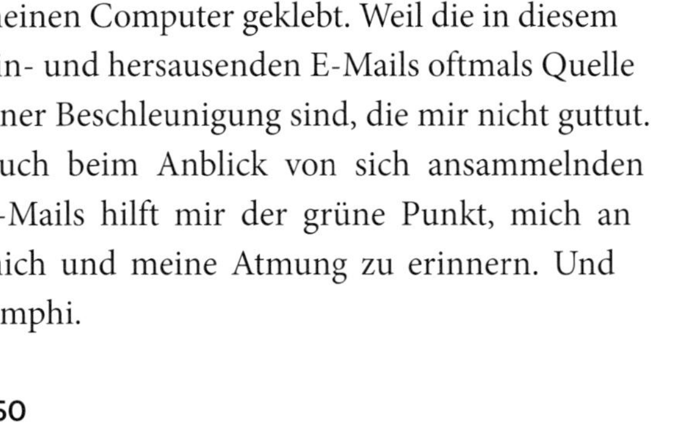

Atmen mit Amphi

Im Zuge der Beschäftigung mit unserem entfernten Cousin (1.0), dem Amphioxus aus dem Kapitel „Unser Hirn ist nicht zum Denken da" (siehe Seite 57), ist mir dieser richtig ans Herz gewachsen und erinnert mich in unterschiedlichsten Situationen daran, auf mein Energiebudget zu achten, mir das Prinzip des Investierens in mein und Abhebens von meinem Körperkonto präsent zu halten und auch daran, dass ich mich in einer unglaublichen Entwicklung befinde, die Evolution heißt. „Amphi" hilft mir überraschenderweise auch bei der für mich sehr angenehmen Flankenatmung. Man kann als Mensch nicht durch die Flanken atmen. Wir stellen uns das nur vor. So, als hätten wir ein T-Shirt mit Seitennähten an, über die wir ein- und ausatmen. Da ich weiß, dass Amphi mit den heutigen Lanzettfischchen verwandt ist, die seitlich über eine Art Schlitze atmen, denke ich bei der beschriebenen Atmung manchmal an ihn, und schon geht es leichter. Sie können das auch ausprobieren. Mir vermittelt es ein Gefühl von Weite. So weit wie Amphis Ozean. Ganz nebenbei bleiben wir so auch in Verbindung mit unserer Verwandtschaft, so weit diese auch in die Vergangenheit zurückreichen mag.

Wir können auch eine Tätigkeit achtsam ausführen. Dann ist das praktisch unsere Achtsamkeitsübung. Wir orientieren uns dafür nicht an einer Zeiteinheit. Stattdessen wird die Tätigkeit ganz bewusst und aufmerksam um ihrer selbst willen erledigt. Man könnte annehmen, dass wir dafür nicht unbedingt Stress mitbringen sollten. Viele Klient:innen machen allerdings die Erfahrung, dass Achtsamkeit stressreduzierend wirkt.

Sie wissen ja bereits, dass ich, um in der Früh eine Kanne Tee von mir zu bekommen, gerne Aufgaben-Ping-Pong spiele. Manchmal gehe ich meine Tee-Zubereitung aber auch mit Achtsamkeit an und richte dabei meine Aufmerksamkeit bewusst nur auf die Tätigkeiten. Ich registriere das Klicken beim Öffnen der Teedose, höre das Knistern der Kräuter, spüre die kühle, glatte Beschaffenheit der Tasse, lausche dem Sprudeln des Wasserkochers, höre das Rauschen des heißen Wassers beim Eingießen in die Kanne, betrachte die Veränderung der Farbe des Tees, rieche das Aroma, werde mir des Gewichts der Kanne beim Anheben bewusst … Und siehe da, der Tee ist fertig. Diesmal mit Achtsamkeit.

Gemeinsam statt einsam – der Buddy-Deal

Aus verschiedenen psychologischen Ecken kommt die Erkenntnis, dass eine optimistische Herangehensweise für das Gelingen eines Unterfangens bedeutsam ist. Irgendwo in uns muss also die Überzeugung vorhanden sein, dass wir das, was wir uns vorgenommen haben, auch schaffen können. Möglicherweise ist die Aufgabe per se durchaus bewältigbar, aber wir schieben sie auf, weil wir uns damit allein fühlen. Studierenden geht es oft (nicht nur) bei ihren Abschlussarbeiten so: „Ich schreibe ins Nichts", „Es interessiert niemanden, worüber ich schreibe", „Es kennt sich eh keiner aus" ... Auch Menschen im Arbeitsprozess, die allein an einer Präsentation oder einem Konzept arbeiten, geht es so: „Hauptsache fertig soll es sein, der Weg dorthin ist allen egal." Das klingt recht einsam und kann durchaus auf Stimmung und Optimismus drücken. Aber auch mit trivialen Vorhaben des Alltags können wir uns bisweilen verloren fühlen. Dann ist es sehr schön, wenn man einen Buddy hat.

Es gibt Buddy-Versionen, die bereits eine gewisse Tradition haben, beispielsweise Lerngruppen oder Fußballkumpels. Buddys teilen Interessen und Ziele in Bezug auf ein bestimmtes Unterfangen und steuern gemeinsam in Richtung Umsetzung. Das kann sowohl moralisch als auch praktisch unterstützend wirken. Wie Tutor:innen, Mentor:innen und gute Führungskräfte helfen Buddys beispielsweise mit Feedback, gezielten Fragen und konkretem Know-how. Im besten Fall freuen sie sich aufrichtig mit uns, wenn wir unsere Teilschritte setzen, diese erfolgreich abarbeiten und unsere Ziele erreichen. Das mit dem Freuen ist nicht immer der Fall. Wenn wir uns nicht einer bereits etablierten Gruppierung anschließen können und uns daher selbst auf die Suche nach einem geeigneten Buddy machen müssen, würde ich diese Eigenschaft ganz oben auf die Liste setzen. Es ist immens wichtig, Menschen in unserem Leben zu haben, die unser Leid teilen. Und unsere Freude.

Anders als mit Vorgesetzten ist man mit Buddys auf Augenhöhe, Geben und Nehmen sind ausgeglichen.

Einen Buddy haben Sie ja bereits kennengelernt: die Freundin, mit der ich im Wettbewerbsmodus Quartalsabrechnungen erledige. Wir finden das im Übrigen immer noch witzig. Wer kann das im Hinblick auf seine Erledigungen für das Finanzamt schon von sich behaupten? Meine Freundin sitzt bei diesem Thema im gleichen Boot wie ich und kann daher sehr gut nachvollziehen, wie es mir mit den Aufgaben geht. Sie kann sich also in mich hineinversetzen. Das ist eine gute Buddy-Eigenschaft. Sie ist gleichzeitig völlig überzeugt, dass ich das, was ich mir vorgenommen habe, auch schaffe. Und vice versa natürlich. Das ist auch eine gute Buddy-Eigenschaft. In der Zusammenarbeit von Buddys ist nämlich darauf zu achten und am besten zu vereinbaren, dass immer nur eine:r die Zuversicht verliert. Sich mal gegenseitig anzujammern ist zwar völlig in Ordnung, dann muss aber wieder für Optimismus gesorgt werden. *This is part oft the deal.*

Oft finden wir keinen Buddy im gleichen Boot. Aber da Aufschieben unterschiedlichste Lebensbereiche und Menschen betrifft, ist die Zahl an potenziellen Buddys – nur eben in anderen Booten – durchaus groß. Einer Klientin ist Hausarbeit zuwider, ihre Freundin findet Joggen langweilig. Beide wollen aber an ein definiertes Ziel. Ihr Buddy-Deal sieht so aus, dass sie über Kopfhörer telefonieren, während die eine putzt und die andere joggt. Immer zur gleichen Zeit, immer für eine festgelegte Dauer. Das ist auch ein Teil des Deals. Ganz konkrete Vereinbarungen zu treffen. Wir könnten auch Rahmen dazu sagen. Dieser ist bei manch einem Deal enger, bei manch einem weiter gesteckt. Aber er wird, bevor er besiegelt wird, ausverhandelt. Absagen, so haben die Buddys des angeführten Beispiels beschlossen, geht auf keinen Fall via Textmessage. Da ist „Ausbüxen viel zu leicht" – ihre Worte, nicht meine. Und wir wissen ja bereits: Je leichter uns ein Verhalten fällt, umso größer ist die Wahrscheinlichkeit, dass wir es auch an den Tag legen. Daher können wir diesen Mechanismus auch für uns nutzen, indem wir uns ein unerwünschtes Verhalten schwer machen.

Die Aufgaben, für die wir einen Buddy-Deal abschließen, müssen auch nicht immer gleichzeitig erledigt werden. Ein Klient musste ein Projekt fertigstellen und fand einen Buddy, dem er von seinen Teilschritten und Fortschritten berichten konnte. Der Buddy tat das Gleiche in Bezug auf seine aufgeschobenen Arzttermine, die zu vereinbaren und zu absolvieren waren. Sie reservierten sich dafür an vier Samstagen um 10 Uhr Zeit für einen einstündigen Spaziergang. Jedem stand eine halbe Stunde an Aufmerksamkeit zur Verfügung. Das ist eine gute Regelung, da das Energieinvestment für beide stimmen muss. Um einem Ungleichgewicht vorzubeugen, ist es erstens Teil des Deals, selbst gut darauf zu achten, dass die Aufmerksamkeit von beiden Seiten als fair verteilt empfunden wird, und zweitens, zu festgelegten Zeitpunkten nachzufragen, ob dem tatsächlich so ist. Für viele Klient:innen ist das der unangenehmste Part. Da es aber ein Deal ist, darf er auch Bedingungen enthalten und auch den Umgang mit Nichteinhalten festlegen. Konkret schlägt diffus. Es ist zum Beispiel eine gute Idee, (Zeit-)Einheiten festzulegen und diese auch einzuhalten. Oder, wie eine Klientin es ausdrückte: „Eine Stunde von mir ist gleich einer Stunde von ihr."

Witzig finde ich einen Buddy-Deal, der es sogar auf eine Video-Plattform geschafft hat und sich dort einiger Beliebtheit erfreut: Eine Klientin fand eine Frau als Buddy, die, ebenso wie sie, Ordnung in ihrem Kleiderschrank schaffen wollte. Das machten die beiden über Videokonferenz. Sie verabreden sich mittlerweile für Arbeiten unterschiedlichster Art und lassen dabei ihre Kameras mitlaufen. Ziel ist allerdings weiterhin die Ordnung und nicht das Video oder dessen positive Resonanz aus dem Internet. Da sind sich die beiden Buddys einig und beschränken ihr Energieinvestment über die Zeit, die sie für das Bearbeiten und Uploaden des Videos benötigen. Das ist nun ebenfalls fixer Bestandteil des Deals. Sie haben sich im Übrigen für „nicht mehr als je 5 Minuten“ entschieden.

Wir sehen, einen Buddy-Deal gibt es in vielen Formen mit vielen Einsatz- und Entwicklungsmöglichkeiten. Manch ein Deal wird für unbestimmte Zeit, manch anderer nur für eine bestimmte Dauer eingegangen. Immer stecken wir den Rahmen gut ab. Und gelangen ans Ziel. Dort dürfen wir im Übrigen auch unsere Teilerfolge feiern. Gerne ritualisiert.

Gemeinsam statt einsam ein Ziel zu erreichen ist seit den neuen digitalen Möglichkeiten in Verbindung mit Homeoffice auch in der Arbeitswelt verstärkt zu einem Thema geworden. Unter anderem weil uns die Kolleg:innen fehlen. Es gibt originelle Ansätze, um die räumliche Distanz zu Unternehmen und Kollegenschaft zu überwinden. So haben manche Teams auf freiwilliger Basis vereinbart, zu bestimmten Zeiten die Kamera ihres Computers einzuschalten. Der Ton bleibt ausgeschaltet. Zur Begrüßung winkt man einander nur freundlich zu und arbeitet einfach weiter. Es wird nämlich dezidiert kein Meeting abgehalten. Die Team-Mitglieder können einander aber bei der – nun gemeinsamen – Arbeit sehen. Eine Art Buddy-System fürs Homeoffice. Pausen werden auch vorab vereinbart. Dann geht der Ton an und die Kollegen tauschen sich bei Kaffee und Snacks aus. Das mögen wir als soziale Wesen, die wir nun einmal sind.

Fern-Buddys – Buddy, ohne es zu wissen

Wenn wir auf die Schnelle keinen Buddy finden, können wir uns auch in eine Umgebung begeben, in der entweder Gleichgesinnte ähnliche Ziele verfolgen wie wir oder in der andere Menschen in einem für uns hilfreichen Rahmen einfach nur zugegen sind.

Nicht wenige meiner Klient:innen sind Studierende, die kurz vor der letzten Prüfung stehen oder sich mit ihren Abschlussarbeiten herumquälen. Das Problem ist bei ihnen meist nicht, dass ihnen das Lernen oder das Schreiben schwerfällt. Das haben sie ja alle bis zu dem Zeitpunkt, da sie ins Stocken geraten sind, schon bewiesen. Was sie oft bedrückt, ist, dass die Endphase eines Studiums sehr einsam werden kann. Für viele wird es leichter, wenn sie sich morgens in eine Bibliothek begeben. Da sitzen auch andere vor ihren Laptops oder über ihren Büchern. Und schon sind sie nicht mehr allein. Zudem ergibt sich ganz nebenbei eine Struktur inklusive Tagesrhythmus, die „mich einfängt" – so drückte es eine Studierende einmal aus. Um zur Bibliothek zu kommen, muss sie morgens aufstehen. Das ist schon einmal ein guter Anfang. Dann muss sie sich überlegen, welches Equipment und welche Unterlagen sie braucht. Das ist insofern hilfreich, als Lernstoff oder Unterlagen einzugrenzen sind. Die Reduktion auf das für den jeweiligen Tag mitzuführende Material ergibt über das rein physisch tragbare Pensum einen Fokus auf das Wesentliche. Nachdem sie die Unterlagen selbst tragen müssen, lernen die Studierenden sehr schnell, welche sie wirklich benötigen. In einer Bibliothek ist es dann zwar ruhig, aber man ist nicht einsam. „Es schaut blöd aus, wenn man dauernd raus und rein rennt", so ein Studierender. Er meint damit, dass er auf alle Fälle ein wenig länger auf seinem Hosenboden sitzen bleibt, als wenn er allein wäre. Das deckt sich im Übrigen mit den uns bereits bekannten Erkenntnissen aus der Verhaltensökonomik: Wenn jemand neben uns ein von uns angestrebtes Verhalten erfolgreich an den Tag legt, dann animiert uns das zu ebenjenem Verhalten. Kurzum, die anderen Bibliotheksnutzer:innen werden quasi zu Buddys, ohne dass sie es wissen. So empfindet es auch eine Klientin, die keinen fixen Buddy zum Joggen wollte, aber herausfand, dass immer zu einer ähnlichen Zeit Jogger:innen auf ihrer Strecke unterwegs sind. Diese eigenen sich hervorragend als Fern-Buddys. Mittlerweile erkennen sie einander und nicken sich freundlich zu. Das findet die Klientin besonders schön. Ich auch. Vor allem seit ich aus der

Positiven Psychologie weiß, dass Freundlichkeit regelrecht ansteckend sein kann. Wenn sie als ehrlich wahrgenommen wird.

Wann positives Denken nicht genügt

Wir haben Absichten und Wünsche, Träume und Ziele. Nicht alle davon schaffen es über die Ziellinie. Das geht uns allen so. Was viel zu lange propagiert wurde und auch heutzutage noch oft als ein Wundermittel angepriesen wird, um ein Ziel zu erreichen, ist das „positive Denken". Leider müssen wir – schon wieder – mit einem Mythos aufräumen, der zugegebenermaßen gut klingt. Auf „Psychologisch" könnten wir sagen, er kommt mit kognitiver Leichtigkeit daher. Diese stellt sich ein, wenn wir beispielsweise etwas immer wieder gehört oder gelesen haben und daher damit vertraut sind. Als Profi, der Sie mittlerweile sind, wissen Sie, dass das unserem Management gefällt, weil damit ein geringer Energieverbrauch einhergeht – es ist also das automatische System am Zug. Aber eine Botschaft von kognitiver Leichtigkeit muss noch lange nicht stimmen. Zum Glück haben wir ja auch einen Piloten, unseren Verstand, den wir zuschalten können. Das sollten wir auf alle Fälle tun, wenn uns empfohlen wird, einfach nur positiv zu denken, nur an die Erfüllung unserer Wünsche zu denken, damit eintritt, was wir ersehnt haben. Eher nicht, sagt die Befundlage. Oder einmal ganz ohne Schnörkel gesagt: Positives Denken allein genügt nicht, um an ein Ziel zu gelangen.

Natürlich lassen wir uns weder unseren Optimismus noch unsere Träume vermiesen. Unseren Optimismus – Sie erinnern sich – brauchen wir ja beim In-Angriff-Nehmen eines Unterfangens, und vor sich hinzuträumen kann auch gut für uns sein. Es zeigt uns die Richtung, in die wir wollen. Besonders wenn wir im Bett liegen und einschlafen wollen, träumen wir uns am besten schon einmal in eine Geschichte hinein, gerne mit dem *happiest of all endings*. Mit uns in der Hauptrolle, am Ziel unserer Wünsche. Jubel, Trubel, Heiterkeit! Die Nebenrollen können wir auch ganz nach unserem Wunsch vergeben. Schließlich sind es unsere Träume und da dürfen wir uns alles vorstellen. Das hat eine beruhigende Wirkung. Auch bei Tag. Messbar. Unser systolischer Blutdruck sinkt. Dieser wird bei einer Blutdruckmessung zumeist als erster der zwei Werte angezeigt. Er steigt bei Aktivierung und sinkt in Ruhe. In der Nacht erreicht er sein Minimum. Tagträumen kann zu Nachtträumen führen. Aktiviert aber nicht. Aktivierung brauchen wir jedoch, um ins Handeln zu kommen. Und Handeln ist das Mittel der Wahl, um zu einem Ziel zu gelangen. „Probehandeln" kann in einem vorgeschalteten Schritt sehr hilfreich sein. Wir könnten auch mentales Tryout dazu sagen.

Probedurchlauf im Kopf – mit mentalem Tryout zum Ziel

Mit unseren Wünschen ist es wie bei einer Castingshow. Bewerber:innen in langen Schlangen möchten gerne zur Bühne. Es werden aber nicht alle gewinnen. Wir treffen eine Auswahl. Jeden Tag. Dazu stellen wir Überlegungen an, im Zuge derer wir die Frage nach dem „Was" hinter uns lassen und mit jener nach dem „Wie" ersetzen. Also nicht mehr „Was wünsche ich?", sondern „Wie verwirkliche ich es?". Das ist der Schritt in Richtung Realisierung. In der psychologischen Praxis erlebe ich das bei Klient:innen oft als kraftvolle, ernsthafte Verbindung mit einem Wunsch, die schwer wieder lösbar ist. Sie identifizieren sich damit. Eine Alternative wollen sie sich gar nicht vorstellen.

Wenn wir nicht sicher sind, ob wir ein Vorhaben umsetzen wollen oder nicht, können wir uns überlegen, welche Konsequenzen das Nichtumsetzen hätte. Das kann eine Entscheidungshilfe sein. Das funktioniert ähnlich wie beim Wurf einer Münze – auch bei wissenschaftlich durchgeführten Münzwurfexperimenten. Ein Münzwurf ist deshalb so interessant, weil einem die Präferenz angesichts zweier vermeintlich gleichwertiger Optionen oftmals regelrecht einschießt, während die Münze in der Luft ist. Nicht selten begleitet von Gedanken wie: „Bloß nicht Kopf, bitte Zahl! Zahl!" Sie können das selbst ausprobieren. Es ist manchmal wirklich verblüffend. Auf welcher Seite die Münze letztendlich zu liegen kommt, ist für die danach kommende Handlung im Übrigen nicht mehr von Belang. Für unseren Entschluss schon. Sobald dieser nämlich alternativlos ist, können wir uns mit ihm in ein mentales Tryout begeben.

In bergreichen Ländern wie Österreich sehen sich viele Menschen gerne Skirennen an, daher werden diese in der kalten Jahreszeit auch im guten alten Fernsehen übertragen. In nicht wenigen Haushalten ist es immer noch Tradition, sich am Sonntag um die Mittagszeit – da werden die besonders prestigeträchtigen Wettbewerbe gefahren – ein Rennen gemeinsam anzusehen. Mittlerweile wird in unterschiedlichen Haushalten gemeinsam geschaut. Als Verbindung fungieren die sozialen Medien, in denen heftig mitgelitten, -gejubelt und -kommentiert wird. Mir fehlte für dieses Sonntagsprogramm lange Zeit die Begeisterung. Seit es vor den eigentlichen Rennen Hintergrundberichte über das Training der Athlet:innen gibt, bin ich auch dabei. Ohne Psychologie geht da nämlich gar nichts. So sehe ich beispielsweise live, wie die Rennläufer:innen vor dem Wettbewerb die Strecke besichtigen. Das tun sie vom Rand der abgesperrten Piste aus. Sie dürfen den gesetzten Kurs, den sie dann abfahren, nur von dort aus ansehen. Sie fahren die ganze Strecke durch den Stangenwald im Kopf ab, der Körper schwingt mit. Besonders gut erkennbar ist das an ihren Körperbewegungen vor einem Torlauf. Wir Zuschauer:innen erleben mit, wie der Umgang mit einer offenbar schwierigen Stelle wieder und wieder im Kopf durchgegangen wird. Eine sehr gute Idee. Das ermöglicht im tatsächlichen Rennen nämlich eine schnellere kognitive Zugänglichkeit, ein schnelleres Erinnern des vorab mental trainierten Verhaltens. Kein Wunder, dass dieses Vorgehen in einem Spitzensport, in dem bisweilen Tausendstelsekunden entscheiden, so beliebt ist. Dort weiß man, dass unser Gehirn gut im Verknüpfen ist. Und das im wahrsten Sinne des Wortes. Sie erinnern sich an dieses Prinzip vielleicht aus dem Kapitel „Neuroplastizität" (siehe Seite 80f.). Es betrifft alle Bereiche unseres Lebens. Beispielsweise sind bei der Generation, für die es selbstverständlich ist, rasend schnell Texte auf dem Smartphone zu verfassen, die Areale im Gehirn, die für die Daumensteuerung zuständig sind, größer als meine. Das Daumentippen ist eigentlich ein Generationen-Outing. Tippen Sie noch mit allen Fingern auf Ihrem Smartphone oder lassen Sie das ausschließlich Ihre beiden Daumen erledigen? Vielleicht haben Sie aber auch ein ausgeprägtes Großzügigkeitszentrum? Dieses wird immer dann aktiviert, wenn wir anderen etwas Gutes tun. Das passiert bei empathischen Menschen schneller und stärker als bei weniger empathischen. Weil es gut trainiert ist. Natürlich nicht nur mental. Jedes Gehirn sieht ein wenig anders aus, je nachdem, wofür wir es verwenden. Das kann genutzt werden. Nicht nur im Spitzensport. Auch im Lehnsessel oder Armchair. In diesen setzen wir uns jetzt mit unserem Vorhaben.

Armchair-Tryout

Unser Gehirn verknüpft Situationen, die wir erlebt haben, mit Verhalten, das sich aus seiner Sicht bewährt hat. Gut gewesen, wieder machen. Schlecht gewesen, bleiben lassen. Wir müssen aber nicht warten, bis eine Situation eingetreten ist. Wir können uns auf sie vorbereiten, um ein gewünschtes Verhalten an den Tag legen zu können. Mit einem mentalen Tryout. Dazu verknüpfen wir in einer Art Probedurchlauf Ziel und geeignetes Verhalten. Im Kopf. Das machen wir im Lehnsessel oder Armchair – daher Armchair-Tryout. Mit kleinen oder großen Vorhaben jedweder Art. Dazu begeben wir uns am besten an einen Ort, an dem wir ungestört sind. Ich habe auch immer Papier und Bleistift dabei, damit ich mir Notizen machen kann. Und dann kann das mentale Tryout auch schon losgehen.

Weil wir wissen, dass Emotionen eine wichtige Rolle bei der Zielerreichung spielen, überlegen wir uns zunächst, wie wir uns fühlen möchten, wenn wir am Ziel angelangt sind. Das sollte gut sein. Wenn nicht, starten wir nämlich gleich mit ordentlich Ballast. Das drückt auf unser Durchhaltevermögen. Die Emotionen, die im Ziel auf uns warten, sollten uns dabei unterstützen, dorthin zu gelangen. Sie entfalten Anziehungskraft und wir fragen uns nahezu automatisch: Wie komme ich dorthin? Welche Handlungen muss ich setzen, damit ich an dieses Ziel komme? So sind wir aktiviert. So kann es zur Streckenbesichtigung gehen.

Emotional auf das Ziel ausgerichtet, gehen wir nun wie ein:e Athlet:in unser Vorhaben vom Start bis zum Ziel durch. Den ganzen Ablauf samt erwünschtem Verhalten. Streckenabschnitt plus Handlung für Streckenabschnitt plus Handlung. Je konkreter und detailreicher, desto besser. Als besonders hilfreich hat sich dafür eine Wenn-dann-Herangehensweise erwiesen. Auf „Psychologisch" nennen wir das auch Vorsatz. Genau das machen Skifahrer:innen beim Screening der einzelnen Passagen – sie bilden Vorsätze: „Wenn ich an diese Passage komme, fahre ich sie von links an, wenn ich an diese Passage komme, verringere ich meine Geschwindigkeit." Das können wir in unserem Alltag auch so machen. So wie ein Klient, der seinen Zuckerkonsum einschränken wollte. Auf der Suche nach dem „Wie", also der Realisierung, entschloss er sich zu dem realistischen Vorhaben, eine Woche lang am Abend auf das Dessert zu verzichten. Um die Woche konsequent durchzuhalten, absolvierte er ein mentales Tryout. Am Ziel wollte er sich gerne „luftig" fühlen. Er ging seine zuckerfreie Woche im Kopf durch und hielt dabei Ausschau nach hilfreichem Verhalten, das in die Formulierung eines Vorsatzes mündete: „Wenn ich am Abend den Hauptgang gegessen habe, dann ist für diesen Tag für mich Schluss!" Er verknüpfte somit eine konkrete Situation mit einem konkreten Verhalten. Im Kopf. In Wirklichkeit dann auch.

Eine Freundin von mir ist ebenfalls ein großer Fan des mentalen Tryouts. Das Homeoffice hat bei ihr zunehmend Rückenbeschwerden verursacht. Was zu tun ist, weiß sie: Rückengymnastik. Wie die funktioniert, weiß sie auch. Allein die Überwindung! Seit einiger Zeit beginnt sie ihren Tag mit einem mentalen Tryout. Die Suche danach, wie sie sich am Ziel fühlen möchte, hat sie in einem ersten Schritt erfolgreich abgeschlossen. Das Ziel ist im Übrigen nicht das Absolvieren der Rückengymnastik, sondern das schmerzfreie Ende des Arbeitstages. Da möchte sie sich gerne „aufrecht" fühlen. Seit das klar ist, baut sie rückengymnastische Einheiten in ihren Tag ein. Die konkreten Handlungen geht sie im morgendlichen Tryout durch und setzt sie dann um. Dafür ist ein Probedurchgang sehr gut. Wir gehen die Strecke von unserem Entschluss bis zum Ziel Abschnitt für Abschnitt durch und überlegen, wie wir am besten agieren. Hindernisse und Stolpersteine inklusive. Das kann je nach Unterfangen eine Weile dauern. Aber auch hier macht Übung Meister:in. Wir bahnen im Kopf erwünschtes Verhalten an. Je öfter, umso leichter wird es.

Nehmen wir wieder mein triviales Beispiel des Wunsches nach einer Kanne Tee her. Ich beschloss eines Morgens, ein mentales Tryout dafür zu machen. Noch im Bett befasste ich mich mit meiner Zielemotion. Was will ich eigentlich von dem Tee? Wie will ich mich fühlen, wenn das Ziel erreicht ist? Überraschenderweise wollte ich von diesem Tee „gestärkt" sein. Offenbar sieht es so aus: Espresso weckt mich auf, Tee stärkt mich. Wer hätte das gedacht? Niemand. Weil das mit Denken nicht funktioniert. Nur mit Spüren. Der Alternative ging ich auch gleich nach: nicht gestärkt. Nicht gut. Die Entscheidung konnte fallen. Den Kurs in Richtung Realisierung gesetzt, ging ich den Ablauf vom Wasseraufsetzen bis zur fertigen Kanne Tee durch. Das tat ich eine Weile lang jeden Tag. Es dauert ja nicht lang, und meine Zielemotion half mir beim gewünschten Verhalten. Die Durchführungsrate steigerte sich merklich. Nun wissen wir ja schon, dass es da den einen und anderen Stolperstein gibt: meine Genervtheit und die Langweile. Was für ein unseliges Duo!

Als Athlet:innen, die wir schon viele Pisten des Lebens runtergebraust sind, wissen wir: Stolpersteine tauchen auf den besten Strecken auf. Profis bereiten sich genau darauf vor. Wir uns daher auch. Wenn wir nämlich nur auf einen idealen Ablauf eingestellt sind, kann uns die kleinste Unebenheit aus der Bahn werfen. Daher kalkulieren wir in jedem Abschnitt, den wir im Kopf durchgehen, die zu erwartenden Hindernisse ein und überlegen uns auch gleich Lösungen dafür. Wenn X passiert, mache ich Y. In meinem Fall: Wenn mir langweilig wird, spiele ich Aufgaben-Ping-Pong.

Stolpersteine sind höchst individuell und wechseln oft. Unsere Lösungen aber auch. Aus der psychologischen Praxis kann ich berichten, dass in dem Moment, da thematisiert wird, welche kritischen Punkte sich auf dem Weg zu einem Ziel ergeben können, auch Lösungen dafür auftauchen. Wir sollten uns im Zuge eines mentalen Tryouts daran erinnern, dass wir in unserem Leben bereits viele Stolpersteine aus dem Weg geräumt und Hindernisse gemeistert haben. Das heißt, wir erinnern uns an ein Verhalten, das sich für uns an einer Stelle bewährt hat. Es könnte auch an einer anderen Stelle hilfreich sein. Das spielen wir auch im Kopf durch und haben dann realiter schneller und leichter zur Verfügung, welche Handlung an welchem kritischen Punkt sinnvoll oder hilfreich ist.

Was uns mit Stolpersteinen passieren kann, ist, dass wir einfach keine passende Lösung dafür parat haben. Kein Lösungsansatz weit und breit. Was machen wir dann? Dann borgen wir uns sozusagen Erfahrungen von anderen Menschen oder gerne Erkenntnisse aus diesem Buch aus. Wir nutzen die Vorgangsweise unseres Gehirns, das die aktuelle Situation mit einer bereits gemachten Erfahrung vergleicht. Wenn wir keine eigene haben, nehmen wir einfach die von jemand anderem. Und lassen uns so auf unserem Weg inspirieren, um von der erwünschten Zielemotion in die Arme geschlossen zu werden. Dann sind wir mit dem mentalen Tryout, dem Armchair-Training, auch schon fertig. Natürlich muss das nicht im Lehnsessel sitzend stattfinden. Es geht auch liegend. Oder gehend. Das mache ich gerne. Ich nehme mir ein Vorhaben auf einen Spaziergang mit und spule es im Kopf durch. Wenn Sie eine Frau in Sneakers mit einem Heft in der einen und einem Bleistift in der anderen Hand spazieren und gestikulieren sehen, die ab und an abrupt stehen bleibt, um sich Notizen zu machen, bin das vielleicht ich. Nach Abschluss des mentalen Tryouts gehen wir dann im Übrigen zur Realisierung unseres Vorhabens über. Das nun eines sein sollte: machbar.

Ziel erreicht – was nun?

Gratulation! Wir haben uns etwas vorgenommen und es erreicht. Das sollte dann eigentlich alles gewesen sein. Oder? Ja. Außer wir wollen von der Erfahrung, wie wir es erreicht haben, auch in Zukunft profitieren. Zuerst klopfen wir uns natürlich selbst auf die Schulter, freuen uns, dass wir mit etwas fertig geworden sind, und genießen das Gefühl, das sich dabei einstellt. Wir lassen uns von unserer Zielemotion ausgiebig in die Arme schließen. Gut gemacht! Vielleicht legen wir auch die Füße hoch und grinsen, texten oder telefonieren. Weil eventuell andere wissen sollen, dass wir mit einem Vorhaben ans Ziel gelangt sind. Vielleicht freuen sich ein paar Menschen mit. Das wäre schön. Womöglich entwickeln wir ein Ritual, das dann immer gleich abläuft. Wir verknüpfen so die Zielerreichung mit dem Setzen eines bewussten Schlusspunkts in einer Form, die zu uns passt. Ich reibe zum Beispiel immer die Hände aneinander, um mich daran zu erinnern, dass mein gegenwärtiges Selbst die Suppe erfolgreich ausgelöffelt hat, die ihm das vergangene Selbst eingebrockt hat, und suche mir auf einem Spaziergang mit Notizheft und Bleistift eine Parkbank für meine Bilanz. Auch für diese gilt: je konkreter, desto besser.

Eine meiner Klientinnen nimmt zu diesem Zweck Audiodateien auf ihrem Smartphone auf, verpasst ihnen einen knackigen Titel und hört, bevor sie ein Vorhaben angeht, in ihren „persönlichen Podcast“ hinein. Sie erinnert sich damit an sich selbst. Das bewirkt eine Reaktivierung von positiven Erfahrungen respektive Verknüpfungen und vermittelt die Botschaft: Das war gut, das kann ich wieder machen. Wir nähren auf diese Weise unseren persönlichen Erfolgsfundus. In diesen können wir immer wieder reinschauen oder -hören oder -spüren.

Jedenfalls ziehen wir in Ruhe ausgiebig Bilanz. Das heißt, wir gehen im Kopf noch einmal von Anfang bis Ende durch, welches Verhalten und welche Handlungen zu welchem Zeitpunkt hilfreich waren und uns letztendlich zum Ziel geführt haben. Das zu rekapitulieren, hat den Benefit, dass uns ein in der Vergangenheit hilfreiches Verhalten bewusster wird und wir es in einer ähnlichen Situation bei unserem nächsten Vorhaben wieder an den Tag legen können. Das schafft Vertrauen in unsere Fähigkeiten und in uns selbst. Es kann auch sein, dass wir beim Bilanzziehen zu dem Ergebnis gelangen, dass wir eine Aufgabe zwar abgeschlossen haben, aber mit dem Resultat nicht zufrieden sind. Dann können wir überlegen, ob wir vielleicht noch ein paar Korrekturen anbringen wollen, um zu dem Ziel zu gelangen, das wir anvisiert haben. Oder wir akzeptieren das Ergebnis ganz bewusst und ziehen unsere Lehren daraus. Diesen letzten Schritt des Bilanzziehens empfehle ich auch gerne in Unternehmen und Teams. Das machen wir nämlich fast alle zu selten: dem Erreichten Zeit und Raum geben.

Nachwort und Begleitung

Lesen, so heißt es, bietet Abenteuer im Kopf. Und auf was für eine Abenteuerreise haben wir uns gemeinsam begeben! Auf unbekanntes Terrain, an entlegene Orte, in lang zurückliegende Zeiten. Schön, dass Sie bis zum Ende dabeigeblieben sind. Die Bekanntschaften, die wir gemacht haben, sind zahlreich und bunt. Denken Sie nur an den mürrischen Hesiod, den stoischen Marc Aurel oder die glamourösen Bestsellerautoren Chandler, Martin und King. Ganz abgesehen von den werten Kolleg:innen aus der Welt der Wissenschaft und Forschung. Mit und ohne Nobelpreis. Wir haben sogar Wesen kennengelernt, die es gar nicht gibt, wie den Homo oeconomicus, und sind auf einen fernen Verwandten ohne Hirn getroffen. Jede:r von ihnen hat uns etwas mit auf den Weg gegeben. Nicht alle Ansätze und Erkenntnisse passen gerade zu unserem Weg, manches aber passt vielleicht wie angegossen. Es ist wie mit Souvenirs: Manche finden wir zwar schön, lassen sie aber noch an dem Ort liegen, an dem wir sie erstanden haben. Manche nehmen wir mit nach Hause und geben sie weiter. Manche begleiten uns ein Leben lang.

Kulinarisch wurde auch einiges geboten. Auf einer Reise nimmt man ja oft unbekannte, exotische, manchmal schwer verdauliche Speisen zu sich. Ordentliche Brocken wie die Neuroplastizität oder die Erkenntnis, dass unser Hirn eigentlich gar nicht zum Denken da ist – das ist schon schwere Kost. Damit Sie keine Magenschmerzen oder Schlimmeres erleiden, habe ich dafür Sorge getragen, dass die Portionen von Philosophie, Psychologie, Neurowissenschaften und Verhaltensökonomik bekömmlich waren. Vielleicht haben Sie das eine oder andere Stück sogar genossen. Dafür ist eine gute Reisegefährtin nämlich da. Zudem sollte sie unterhaltsam sein. Da reist es sich einfach leichter.

Wissen Sie, was wir noch gemeinsam getan haben? Rätsel gelöst. Nachgedacht. Spiele gespielt. Das war sehr nett von Ihnen (ich spiele nämlich so gern)! Von Mythen haben wir auch erfahren und haben auch gleich wieder mit ihnen aufgeräumt. Ganz anders verhält es sich mit den Geschichten, die wir gelesen haben. Geschichten haben eine große Kraft. Wir lernen durch Geschichten. Das hat eine lange Tradition, die bis in die Zeit der Oral History, vor der Erfindung der Schrift, zurückreicht. Damals wurde in Versen erzählt, damit man sich die Inhalte besser merkte. Das mit den Versen habe ich hier nicht gemacht. Geschichten wirkten damals und wirken heute. Erst vor Kurzem habe ich von einer Studie gehört, die nachgewiesen hat, dass Harry-Potter-Leser:innen nach der Lektüre eher davon überzeugt sind, Gegenstände bewegen zu können, als jene, die sich dieser Lektüre nicht hingegeben haben. Weil wir uns beim Lesen von Geschichten mit den Figuren identifizieren. Die praktischen Beispiele in diesem Buch eigenen sich dafür sehr gut. Mit Protagonist:innen wie Sie und ich, die mit Widerständen kämpfen und lästigen Umständen zum Trotz unter Einsatz von unterschiedlichen Strategien, hilfreichem Werk- und Spielzeug, viel Know-how und guten Gefährt:innen ans Ziel gelangen. Oftmals scheibchenweise und oft sehr kreativ.

Mit all diesen kurzen Geschichten leben wir ein bisschen mit, ziehen Vergleiche, finden uns darin wieder und sind so ein Stück des Weges gemeinsam unterwegs. Da wir Perspektiven von Menschen übernehmen, die sich in ähnlichen Situationen befinden wie wir, können wir uns in sie hineinversetzen, uns mit ihrer Welt und ihren Erfahrungen verbinden und gelangen mit ans Ziel, fast so, als erlebten wir die Situation selbst. Eigentlich ist das auch ein Training für den Kopf. Die Botschaft, die wir mitnehmen, ist: Es ist machbar. Auch für uns. Aber dann auf unsere Art und Weise. Manchmal, Hand aufs Herz, gelingt ein Vorhaben nicht. Das passiert auch mir. Ich übe mich dann in Freundlichkeit mir selbst gegenüber. Ich begebe mich an einen Platz, der mir gut gefällt, und reflektiere. Wenn Sie das auch so machen möchten, darf ich Sie vielleicht in Form dieses Buches begleiten.

Nun bleibt mir noch eines zu tun: mich für Ihre Gesellschaft und Energie (!) zu bedanken und Sie daran zu erinnern, dass Sie jederzeit verreisen können. Es muss ja nicht die ganz lange Reise sein. Vielleicht reisen Sie zu den Abschnitten, die Ihnen besonders gut gefallen haben, oder zu denen, die immer wieder und immer noch eine Herausforderung sind. Weil ich nun ja in diesem Buch wohne (der ideale Platz für einen glücklichen Bücherwurm), bin ich immer da. Schauen Sie gern vorbei.

Erwähnte weiterführende Literatur

Hier finden Sie Werke und Autor:innen, die ich namentlich angeführt habe. Es gibt aber natürlich noch viel mehr kluge Menschen, denen ich und wir großartige Einsichten verdanken, darunter viele fabelhafte Kolleg:innen. Würde ich alle anführen, wäre die Literaturliste mindestens so lang wie das vorliegende Buch.

Falls Sie sich über die angegebene Literatur hinaus weiter in dem einen oder anderen Thema vorarbeiten möchten, darf ich Ihnen verraten, wie ich das angehe: Ich beginne mit einem Buch, das mich wie ein aufgeregtes herren- und frauenloses Hündchen anspringt. Es wedelt mich so freudig an, da kann ich gar nicht anders, als es mit nach Hause zu nehmen. Dann lese ich es und wenn ich inspirierter bin als davor, knöpfe ich mir das Literaturverzeichnis dieses Buches vor. Da ist sicher wieder ein aufgewecktes Kerlchen dabei. Und dann geht das Ganze wieder von vorne los. Jetzt wissen Sie, warum ich so viele Bücher zu Hause habe und meine Buchhandlung mich liebt. Keine Sorge – das beruht auf Gegenseitigkeit.

Antonovsky, A. (1997). *Salutogenese: Zur Entmystifizierung der Gesundheit*. Tübingen: Dgvt.

Aurel, M. (2016). Meditationen: *Selbstbetrachtungen, in der Übersetzung von F. C. Schneider*. Berlin: Hofenberg Digital.

Bauer, J. (2015). *Selbststeuerung*. München: Blessing.

Baumeister, R., Bratslavsky, M., Muraven, M., Tice, D. M. (1998). Ego Depletion. *Journal of Personality and Social Psychology* 74, 1252–1265.

Cszíkszentmihaly, M. (2014). *Flow und Kreativität*. Stuttgart: Klett-Cotta.

Damasio, A. (2006). *Descartes' Error.* London: Random House.

Feldman Barrett, L. (2020). *Seven and a Half Lessons about the Brain.* New York: Houghton Mifflin Harcourt.

Hesiod (2019). *Sämtliche Werke.* Pandora's Box (ePub).

Hüther, G. (2021). *Lieblosigkeit macht krank*. Breisgau: Herder.
James, W. (1891). *The Principles of Psychology*. London: Macmillan.
Kahneman, D. (2011). *Thinking Fast and Slow*. London: Penguin.
Lakoff, G. (2009). *The Political Mind*. New York: Penguin.
Mischel, W. (2014). *The Marshmallow Test. Mastering Self Control*. New York: Little Brown.
Swaab, D. (2013). *Wir sind unser Gehirn*. München: Knaur.
Thaler, R. H. (2016). *Misbehaving. The Making of Behavioral Economics*. New York: W. W. Norton & Company.
Zeigarnik, B. (1927). Das Behalten erledigter und unerledigter Handlungen. Dissertation, Universität Berlin. https://www.interruptions.net/literature/Zeigarnik-PsychologischeForschung27.pdf (4.10.2022).

https://www.ted.com

Personenverzeichnis

Stichwortverzeichnis

T

U

V

W

Z

Bildquellen

S. 3: © golden_SUN, iStock;
S. 11, 17, 108, 171: © Hans-Jürgen Krahl, Adobe Stock;
S. 13: © Roman, Adobe Stock;
S. 15, 31, 43, 123: © Strichfiguren.de, Adobe Stock;
S. 25: © Anetty, Adobe Stock;
S. 32: © Elena, Adobe Stock;
S. 35: © Полина Томтосова, Adobe Stock;
S. 39, 40: © SMUX, Adobe Stock;
S. 49: © Good Studio, Adobe Stock;
S. 51: © LIGHTFIELD STUDIOS, Adobe Stock;
S. 57: © Morphart, Adobe Stock;
S. 58: © Ekaterina Glazkova, Adobe Stock;
S. 61: © croisy, Adobe Stock;
S. 72: © sabelskaya, Adobe Stock;
S. 78: © pingebat, Adobe Stock;
S. 82: © simple__miracle, Adobe Stock;
S. 89: © Mara Fribus, Adobe Stock;
S. 93: © setory, iStock;
S. 101: © Mariia, Adobe Stock;
S. 103: © ~ Bitter ~, Adobe Stock;
S. 111: © 09910190, Adobe Stock; © Maljuk, iStock; © Shorena Tedliashvili, Adobe Stock;
S. 112: © la_puma, iStock;
S. 116: © setory, iStock; aksol, Adobe Stock;
S. 118: © NazArt, Adobe Stock;
S. 125: © Alex, Adobe Stock; © Sonya illustration, Adobe Stock;
S. 129: © rob z, Adobe Stock;
S. 137: © Forde, Adobe Stock;
S. 141: © muuraa, Adobe Stock;
S. 142: © aksol, Adobe Stock;
S. 150: © designer_an, Adobe Stock;
S. 154: © Elala 9161, Adobe Stock;
S. 163: © irina_katunina, Adobe Stock;
S. 167: © Tapilipa, Adobe Stock;